SCHIRMER'S LIBRARY
OF MUSICAL CLASSICS

Vol. 1136

T0039498

CAMILLE STAMATY

Op. 36

Rhythmic Training
for the Fingers

(El Ritmo de los Dedos)

For the Piano

Spanish Translation by
HUBERT DE BLANCK

G. SCHIRMER, Inc.

DISTRIBUTED BY

HAL•LEONARD®
CORPORATION

7777 W. BLUEMOUND RD. P.O. BOX 13819 MILWAUKEE, WI 53213

Rhythmic Training for the Fingers

El Ritmo de los Dedos

Rhythmic Training for the Fingers | El Ritmo de los Dedos

Typical Exercises for Piano | Ejercicios Típicos para Piano

C. STAMATY. OP. 36.

Translated into English by
Frederick H. Martens

Section One

Exercises in Simple Notes
with Quiet Hand

For One Finger

There are only three ways of filling up the interval of time between the attack of one tone and the next tone: (1) to divide this time-interval between a tone-value and a rest: (2) to break off the tone instantly, which gives a tone-value equivalent to zero and a rest filling the entire time-interval: (3) to hold the tone during the whole time, which gives a tone-value equivalent to the time-interval, and no rest.

The student is to practise, with each finger separately, in the above three ways as indicated below, considering the entire time-interval equal to a half-note, and allowing to each beat of the metronome the value of a quarter-note.*

Traducido al español por
Hubert de Blanck

Primera Serie

Ejercicios en Notas Simples
en Posición Fija

Un Dedo

No hay más que *tres maneras* de llenar el espacio de tiempo que transcurre desde el ataque de un sonido á otro: 1º Dividir este espacio de tiempo entre una *duración* y un *silencio*. 2º Quitar el sonido inmediatamente; duración, nula; silencio equivalente á todo el espacio de tiempo. 3º Conservar el sonido todo el tiempo, por consiguiente: duración igual á todo el espacio de tiempo; *silencio nulo*.

La articulación de cada dedo aislado se estudiará, por lo tanto, de las *tres maneras* que se acaban de indicar, tomando para cada espacio de tiempo una blanca y dando á cada golpe del Metrónomo el valor de *un tiempo.**

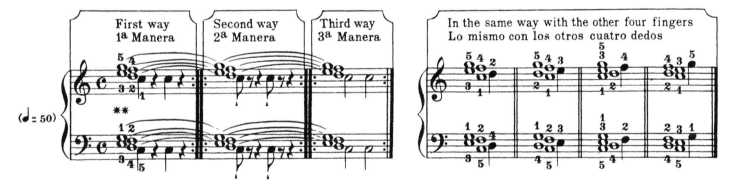

(♩ = 50)

* To make sure of keeping precisely with the metronome, the best plan is to follow it beat by beat while counting aloud.
** The whole notes marked in this manner should be pressed down without sounding them, and carefully held by a firm, yet supple pressure of the fingers. Make a point of practising these exercises in varying degrees of force, always taking care to obtain a good quality of tone.

* Para asegurar que se está llevando buen tiempo con el Metrónomo, se debe contar cada compás en *voz alta*.
** Las notas redondas marcadas de esta manera deben ser tocadas sin ser oidas y deben sujetarse con una presión del dedo, firme.

Los estudiantes deben practicar estos ejercicios con varios grados de fuerza, tratando siempre de obtener un *buen tono*.

24187 ×
Printed in the U. S. A.

4

When all the fingers have had sufficient practice in the aforesaid three ways, each should be exercised by itself with the modifications in rhythm which form the principal object of this method. For this purpose regular rhythms should be employed of one, two, three, four, six and eight notes to each metronome-beat, indicating them as follows: (**A**) One note; (**B**) Two notes; (**C**) Three notes; (**D**) Four notes; (**E**) Six notes; (**F**) Eight notes.

In each group of the exercises this kind of work ought to be begun by practising, by itself, each of the rhythms employed in the given exercise; as shown below for the first four:

Cuando todos los dedos se hayan habituado suficientemente á articular de estas *tres maneras*, se les ejercitará aisladamente en las *modificaciones de ritmo* que vienen á ser el objeto principal de esta colección, y para ello se utilizarán *ritmos regulares* de *una, dos, tres, cuatro, seis y ocho notas*, para cada golpe del Metrónomo, designándolos así: (**A**) Una nota; (**B**) Dos notas; (**C**) Tres notas; (**D**) Cuatro notas; (**E**) Seis notas; (**F**) Ocho notas.

Se deberá en cada clase de ejercicios empezar ese género de trabajo estudiando, aparte, cada uno de los ritmos que en él se encuentran empleados, come se indica á continuación para los cuatro primeros:

In rhythms B, C and D, the small quarter-note on the last beat will serve as a close.
En los ritmos B C D se detendrá, para acabar, en la negra marcada en el último tiempo.

After this, these same rhythms should all be practised in direct succession without interruption: (1) in the regular graded order, as below; (2) alternately, taking them first in one order, and then in another; as, for instance, (**A**) (**C**) (**B**) (**D**) or (**B**) (**D**) (**A**) (**C**), etc.; being careful always to finish the last measure with a quarter-note.

Estos mismos ritmos se deberán encadenar después unos á otros sin interrupción: 1º En el orden natural de graduación, como sigue: 2º Alternándolos entre si, ya en un orden ya en otro, como, por ejemblo: (**A**)(**C**)(**B**)(**D**) o (**B**)(**D**)(**A**)(**C**) etc.; y teniendo cuidado de terminar siempre el último compás con una figura que valga un tiempo.

In the repetition of single finger-exercises, the first four rhythms only are to be used.*

Al repetir los ejercicios para dedos aislados úsense unicamente los cuatro primeros ritmos.*

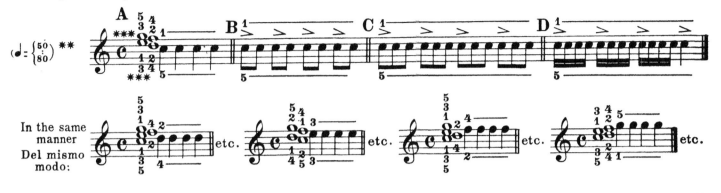

In the same manner
Del mismo modo:

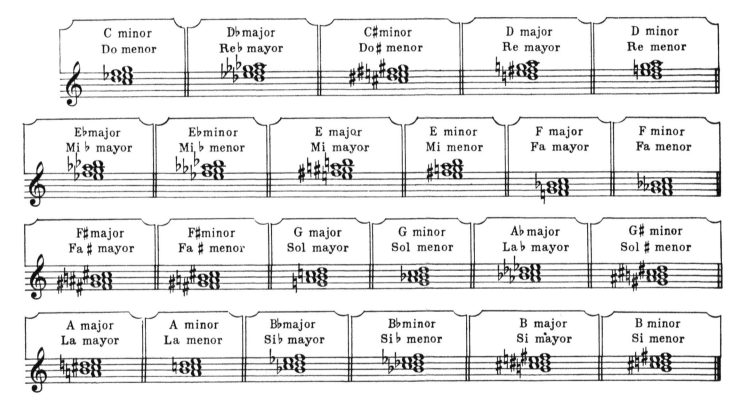

All the exercises of section one should be practised in succession in the different major and minor keys.

Todos los ejercicios de esta primera serie se estudiarán en los diferentes tonos sucesivamente.

C minor / Do menor	Db major / Reb mayor	C#minor / Do# menor	D major / Re mayor	D minor / Re menor

Eb major / Mib mayor	Eb minor / Mib menor	E major / Mi mayor	E minor / Mi menor	F major / Fa mayor	F minor / Fa menor

F# major / Fa# mayor	F# minor / Fa# menor	G major / Sol mayor	G minor / Sol menor	Ab major / Lab mayor	G# minor / Sol# menor

A major / La mayor	A minor / La menor	Bb major / Sib mayor	Bb minor / Sib menor	B major / Si mayor	B minor / Si menor

* Throughout this book all the exercises written on a *single staff*, in G clef, should be played with the right hand at the place indicated, and with the left hand *two octaves below*, unless otherwise mentioned.

** A double sign on the metronome (M. $\frac{50}{80}$) means that the exercise to which it applies should be studied from No.50 to No.80 for each beat or quarter-note, going through all the intermediate numbers. The same should be done with all similar indications.

*** The *silent* whole notes placed at the beginning of an exercise should be held the entire duration of the exercise, without its being necessary to repeat the sign for each measure.

* En toda esta obra los ejercicios escritos en un solo pentagrama con clave de Sol, deben tocarse con la mano derecha cuando así se indique, y con la izquierda, *dos octavas más bajas*, a menos que se avise lo contrario.

** Una señal doble en el Metrónomo, (M. $\frac{50}{80}$) indica que el ejercicio a que se aplica debe estudiarse desde el Nº 50 al 80 por cada tiempo, o nota negra, pasando por todos los números intermediantes. Esto se aplica a cualquier ejercicio en que se encuentre dicha indicación.

*** Las redondas *mudas* colocadas al principio de un ejercicio deben sostenerse durante todo él, sin que para eso sea necesario que repitamos la señal en cada compás.

Two-Finger Exercises | Dos Dedos

The five fingers of each hand allow of *ten different groupings*.

Los cinco dedos de la mano permiten *dieza grupaciones diferentes*.

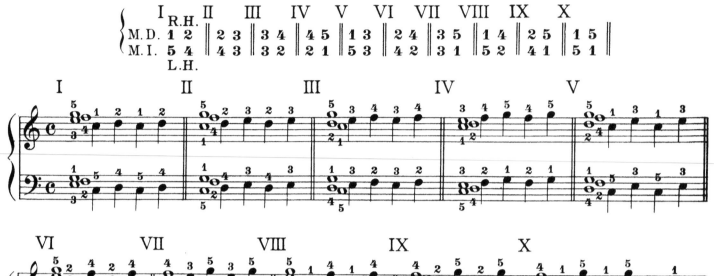

Each of these ten two-finger groups should be practised separately in the different rhythms.

Cada uno de esos diez grupos de á dos dedos **deberá** practicarse por separado en los diferentes ritmos.

We shall confine ourselves, for the present, to the first four rhythms **A B C** and **D**.

Nos limitaremos en primer lugar á los cuatro primeros ritmos **A B C D**.

In the following exercises (and whenever practicable) the 5th and 6th rhythms are to be added; for instance:

Enseguida y así que sea posible, se agregará el 5º y el 6º ritmo de esta manera:

The other nine two-finger groups in the same manner.

Lo mismo para los otros nueve grupos de dos dedos

The same groups are to be practised in the first four rhythms, beginning with the upper note.

Los mismos grupos se estudiarán con los cuatro primeros ritmos, empezando por la nota superior.

The hand also allows the formation of ten groupings of three fingers.

No existen más que diez grupos de tres dedos.

The different rhythms to be practised in the manner indicated for the two-finger exercises.

Los diferentes ritmos se estudian de la misma manera indicada para los ejercicios de dos dedos.

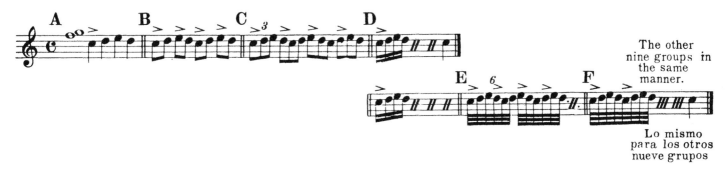

The other nine groups in the same manner.

Lo mismo para los otros nueve grupos

Series of Three-Finger Exercises

Beginning, in succession, with every finger of each group.

Serie de Ejercicios de tres Dedos

Empezando, sucesivamente, con todos los dedos de cada grupo.

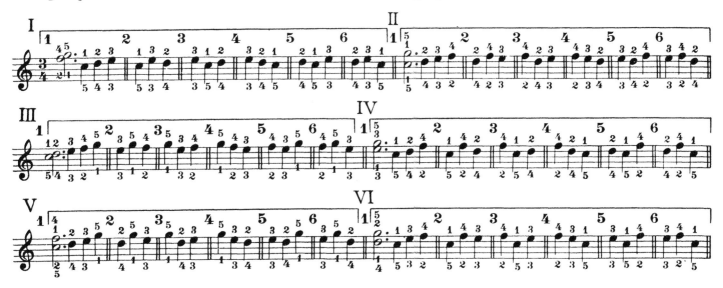

＊ Nothing gives the hand-mechanism more freedom and evenness than the three-finger exercises with the hand in a stationary position.

We strongly urge both teachers and students to give the study of these exercises the greatest attention before passing on to the four and five-finger exercises.

＊ Nada dá más libertad y firmeza á la mano que el ejercicio de tres dedos sujetando la mano en una posición fija.

Aconsejamos á profesores y estudiantes que den su mayor atención á estos ejercicios antes de seguir con los ejercicios de cuatro y cinco dedos.

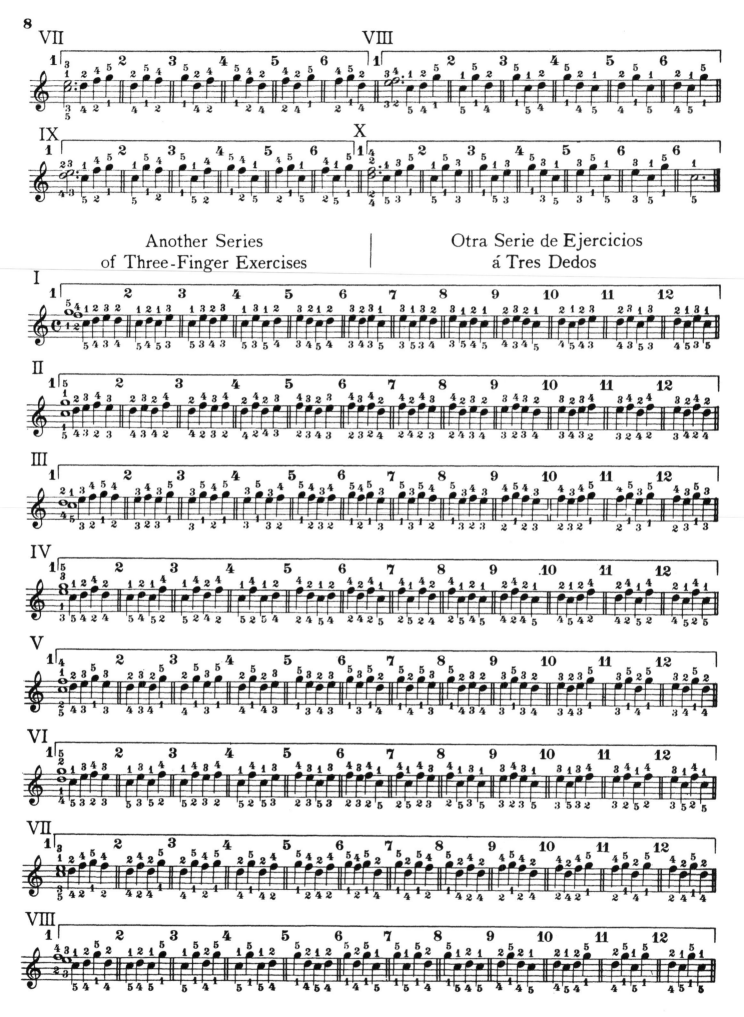

Another Series of Three-Finger Exercises

Otra Serie de Ejercicios á Tres Dedos

IX

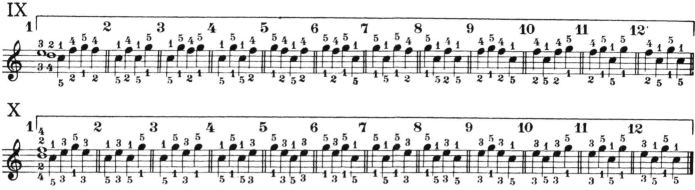

X

Each of the 120 measures just given may be studied with the different rhythms, thus:

Cada uno de estos 120 compases puede ser trabajado con los diferentes ritmos, de esta manera:

We should recommend that this rhythmic work be done only with measures 1, 5, 9 and 10 of each group.

Recomendaremos ese trabajo rítmico solamente con los compases 1, 5, 9 y 10 de cada grupo.

And so on through the other nine combinations.

Así sucesivamente, para las otras nueve combinaciones.

Practicable variants of the above 120 measures.

Variaciones convenientes de los 120 compases anteriores.

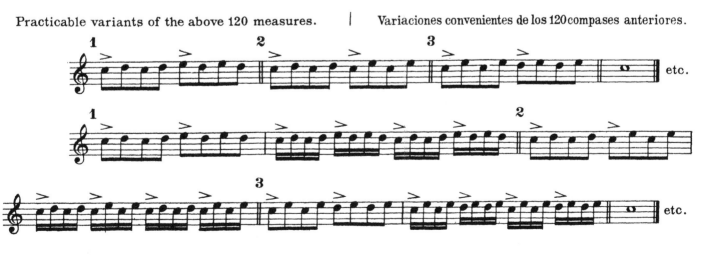

Four Fingers | Cuatro Dedos

There are only five four-finger groups. | No existen más que cinco grupos de cuatro dedos.

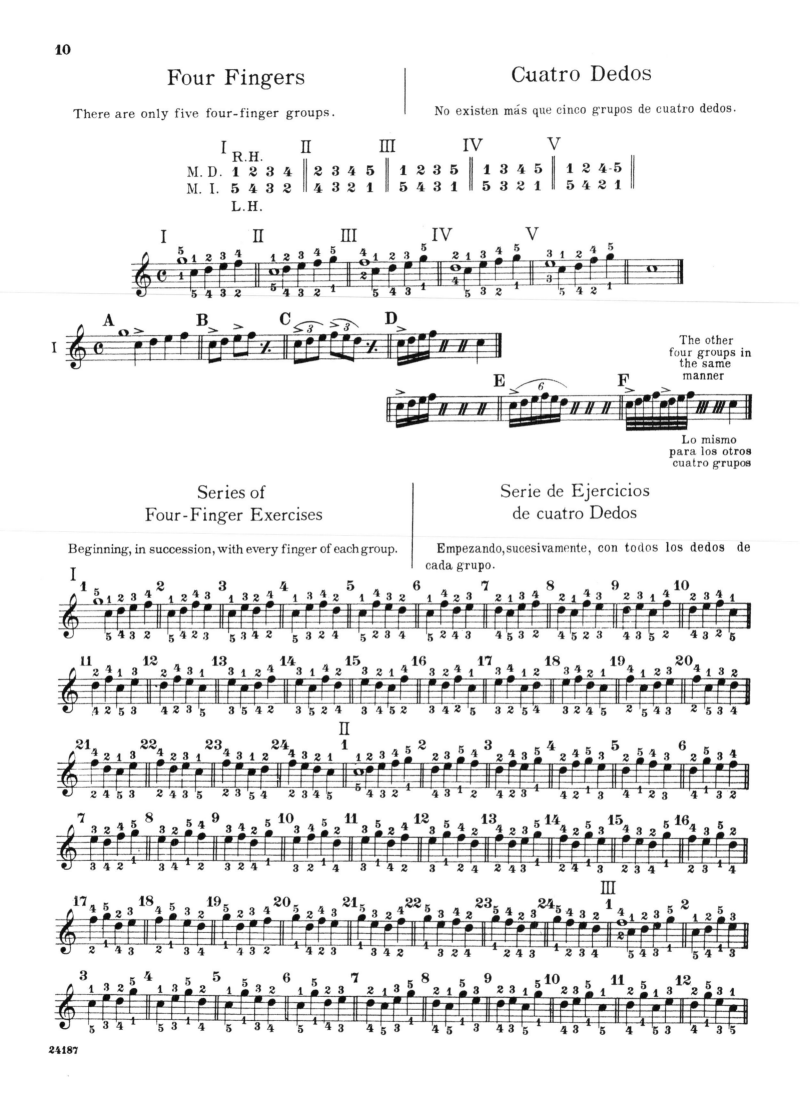

Series of Four-Finger Exercises | Serie de Ejercicios de cuatro Dedos

Beginning, in succession, with every finger of each group. | Empezando, sucesivamente, con todos los dedos de cada grupo.

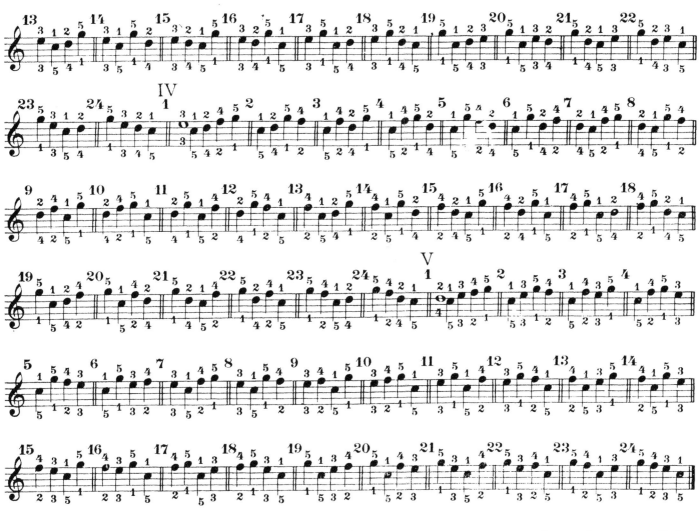

Each of the 120 measures preceding may be practised in triplets, and in all the keys.

Los 120 compases que preceden pueden ser estudiados en tresillos y en todos los tonos.

Rhythmic work for the same measures.

Trabajo rítmico de los mismos compases.

Rhythmical Work

Trabajo Rítmico

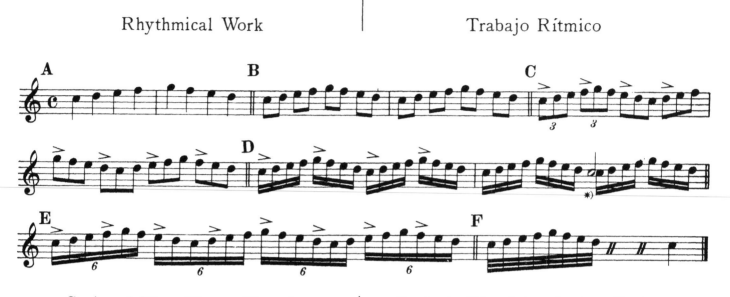

Series of Five-Finger Exercises

Beginning, in succession, with every finger of the hand.

Each odd measure is to be played three times in succession; the even measures, which serve as a transition to the others, only once.

Serie de Ejercicios de cinco Dedos

Empezando sucesivamente por cada uno de los dedos.

Ejecútense 3 veces cada uno de los compases impares y una sola vez los compases pares que sirven de transición á los otros.

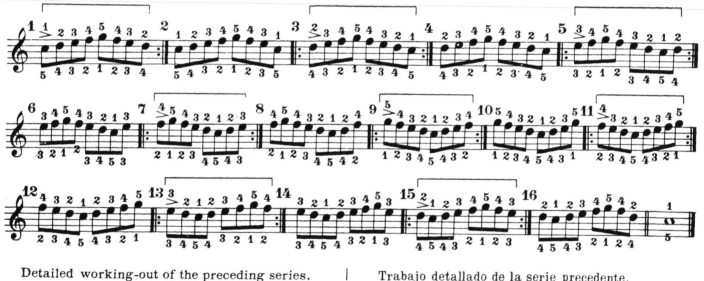

Detailed working-out of the preceding series.

Trabajo detallado de la serie precedente.

*)Those able to play this exercise with the first four rhythms only, should end on a half-note placed in the middle of the eighth measure.

*) Los que pueden tocar este ejercicio con los cuatro primeros ritmos solamente, deben terminar con el semi-tono colocado en medio del octavo compás.

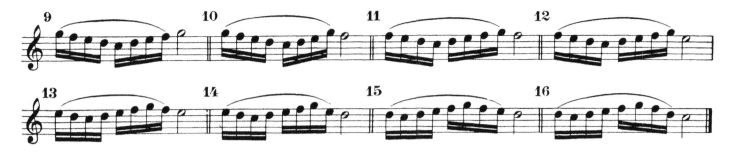

| The same exercise with the last note played detached. | El mismo ejercicio destacando la última nota. |

The various rhythms may be applied to all the odd measures of this series. | Se pueden aplicar los diferentes ritmos á los compases impares de esta misma serie.

| The same applies to measures 7, 9, 11, 13 and 15. | Lo mismo para los números 7, 9, 11, 13 y 15. |

Another Series of Five-Finger Exercises

Otra Serie de Ejercicios de cinco Dedos

Beginning successively with each of the fingers. | Empezando sucesivamente por cada uno de los dedos.

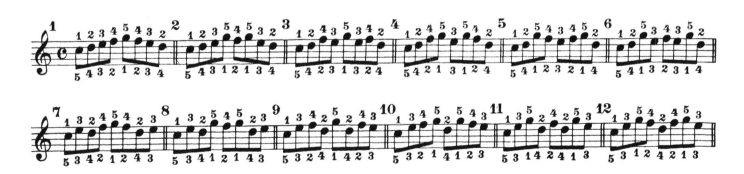

Detailed working-out of these 120 measures. | Trabajo detallado de estos 120 compases.

The aim of the student should be to play these 120 measures in succession, without mistake or hesitation. In order to attain this end each measure should first be practised ten times.

El fin que debe proponerse el que estudia es llegar á tocar esos 120 compases de corrido, sucesivamente, sin faltas ni vacilaciones, pero para eso deberá estudiarse primeramente 10 vezes cada compás.

The same 120 measures arranged
in another order of succession | Serie de los mismos 120 compases
en otro orden

17

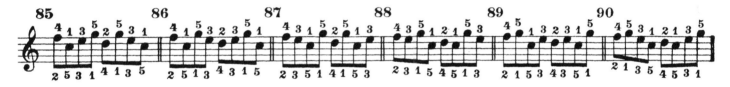

24187

18

Combination-work

All the exercises of this first section may be studied at one piano by two, and even three persons at a time.

At the same piano
Posición en un solo Piano

Trabajo de conjunto

Todos los ejercicios en esta primera serie pueden ser estudiados en un Solo Piano, por dos y hasta tres personas á la vez.

N.B. In ensemble work, the two or three persons practising should alternate places, and there should always be one counting *out loud* with the metronome. In two, the person playing the bass should count; in three, the one in the middle.

N.B. En trabajos de conjuncto, las dos ó tres personas practicando deben cambiar posiciones, y siempre debe uno contar en voz alta con el metrónomo. Cuando dos practican juntos, el que toca el bajo debe contar, y cuando practican tres, el del medio debe contar.

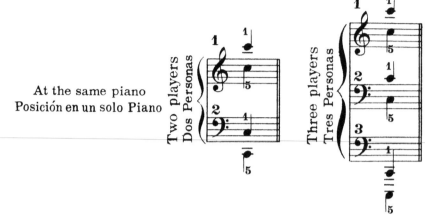

Section Two

We make use of the grouping and principal combinations of the second, third, fourth and fifth fingers as a point of departure.

It is impossible to use all the rhythms indicated on page four in every Section, the repeated notes, in the nature of things, not always permitting of satisfactory binary and ternary division.

Segunda Serie

Nos servimos de los grupos y de las principales combinaciones de 2,3,4 y 5 dedos como puntos de partida.

No podemos emplear para cada colección todos los ritmos indicados en la página 4. La índole misma de las notas musicales repetidas no se presta siempre á las divisiones binarias y á las divisiones ternarias.

Series of Exercises
Developed from Two-Finger Groups

Series formadas
por los grupos de Dos Dedos

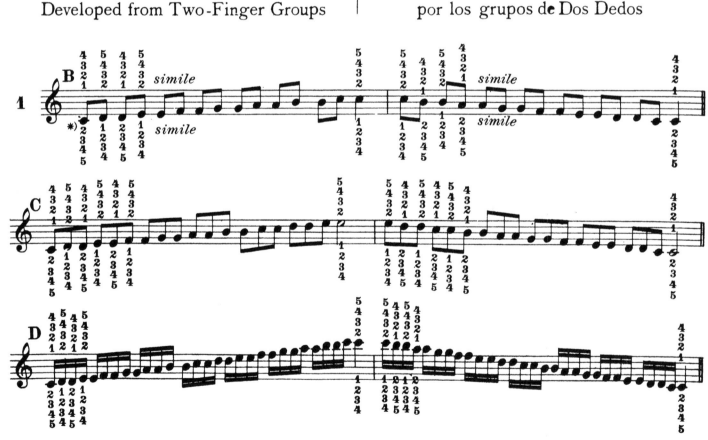

*) All the exercises in this series should be played with the left hand *only one octave* below the *right* hand.

*) Todos los ejercicios en esta serie deben tocarse con la mano izquierda *una octava* más abajo de la mano *derecha.*

24187

Series of Exercises
Developed from Three-Finger Groups

Series formadas
por los grupos de Tres Dedos

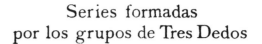

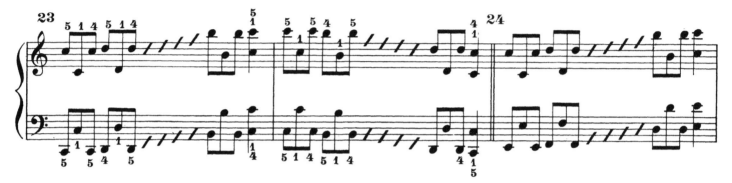

Series of Exercises
Developed from Four-Finger Groups

Series formadas
por los grupos de Cuatro Dedos

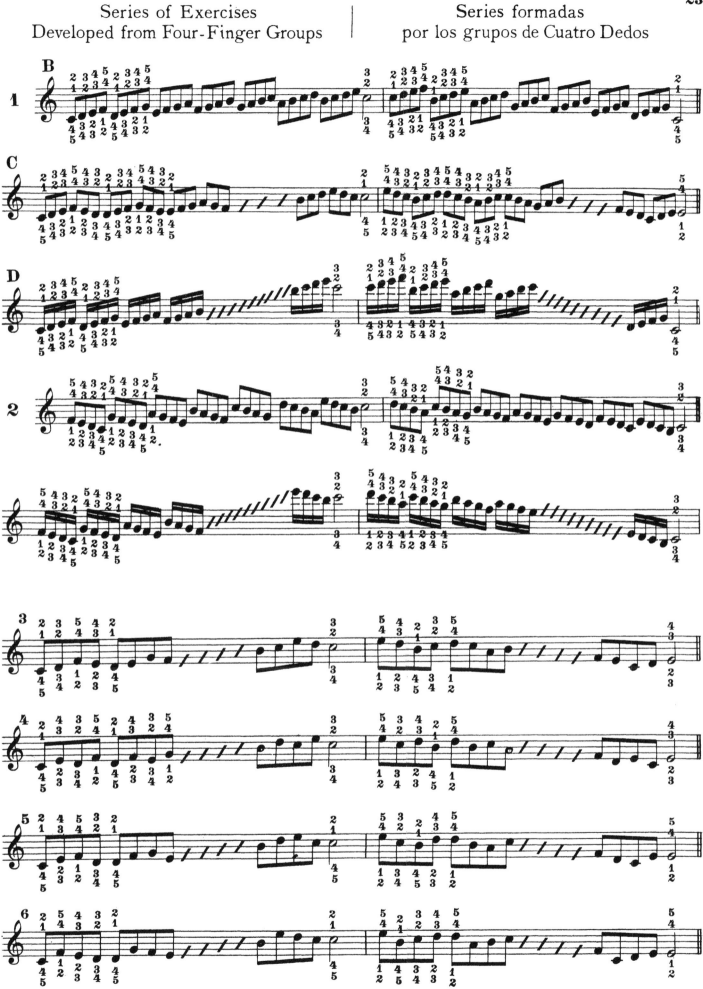

24187

Series of Five-Note Figures | Series de Figuras de cinco notas

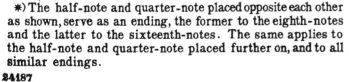

*) The half-note and quarter-note placed opposite each other as shown, serve as an ending, the former to the eighth-notes and the latter to the sixteenth-notes. The same applies to the half-note and quarter-note placed further on, and to all similar endings.

*) Las notas blanca y negra colocadas enfrente una de otra sirven para terminar; la primera para las corcheas, y la segunda para las doblecorcheas. Esto también se aplica a las blancas y negras colocadas más adelante.

26

Exercises especially intended to facilitate the acquisition of the greatest possible velocity and agility.

Series especialmente destinadas á facilitar la adquisición de la mayor velocidad y agilidad posibles.

Combination-work
for the Second Section

Trabajo de conjunto
de la Segunda Serie

At the same piano
Posición en un solo Piano

Section Three

Simple Diatonic and Chromatic Scales

Preliminary Exercises

These are intended to further separate study of the turning under of the thumb, and shifting the hand, in scale-playing.

Tercera Serie

Escalas Simples Diatónicas y Cromáticas

Ejercicios Preliminares

Tienen por objeto hacer que se estudie aparte el pase del pulgar y la traslación de la mano en las escalas.

These exercises should be practised in different octaves on the keyboard, since the difficulty of passing the thumb under varies according to the position occupied by the arm and hand.

Estos ejercicios deberán ser ejecutados en diferentes octavas del piano, porque la dificultad del pase del pulgar varía según la posición ocupada por el brazo y por la mano.

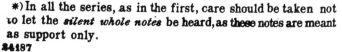

*)In all the series, as in the first, care should be taken not to let the *silent whole notes* be heard, as these notes are meant as support only.

24187

*)En todas las series, como en la primera, debe tenerse cuidado que las *notas redondas mudas* no se oigan, puesto que éstas solamente significan un sosten.

Simple Diatonic Scales

Scale of C major in Octaves

Escalas Simples Diatónicas

Escala de *Do mayor* en Octava

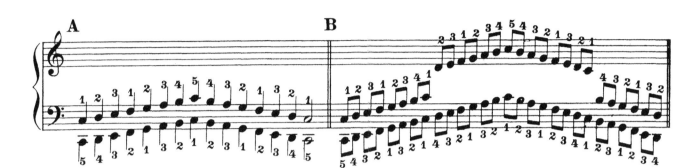

24187

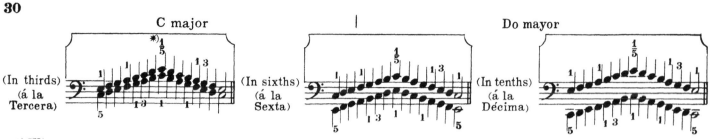

C major / **Do mayor**

(In thirds) (á la Tercera) — (In sixths) (á la Sexta) — (In tenths) (á la Décima)

*) Wherever two finger-numbers are found above or below the same note, as shown above, it should be easy to ascertain which should be used in ascending, descending, or ending.

*) Cuando dos números se encuentran sobre ó abajo de la misma nota, como arriba indicado, resulta muy fácil acertar cual debe usarse para ascender, descender ó terminar.

The Succession of Diatonic Scales

Serie de Escalas Simples Diatónicas

C minor / Do menor — (in 8ves) (á la 8ª)

(in 3ds) (á la 3ª)

(in 6ths) (á la 6ª)

(in 10ths) (á la 10ª)

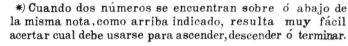

G major / Sol mayor — (in 8ves) (á la 8ª)

(in 3ds) (á la 3ª)

(in 10ths) (á la 10ª)

(The bass an octave lower)
(M.I. descienda una Octava)

(in 6ths) (á la 6ª)

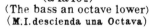

24187

E minor
Mi menor

B major
Sí mayor

B minor
Si menor

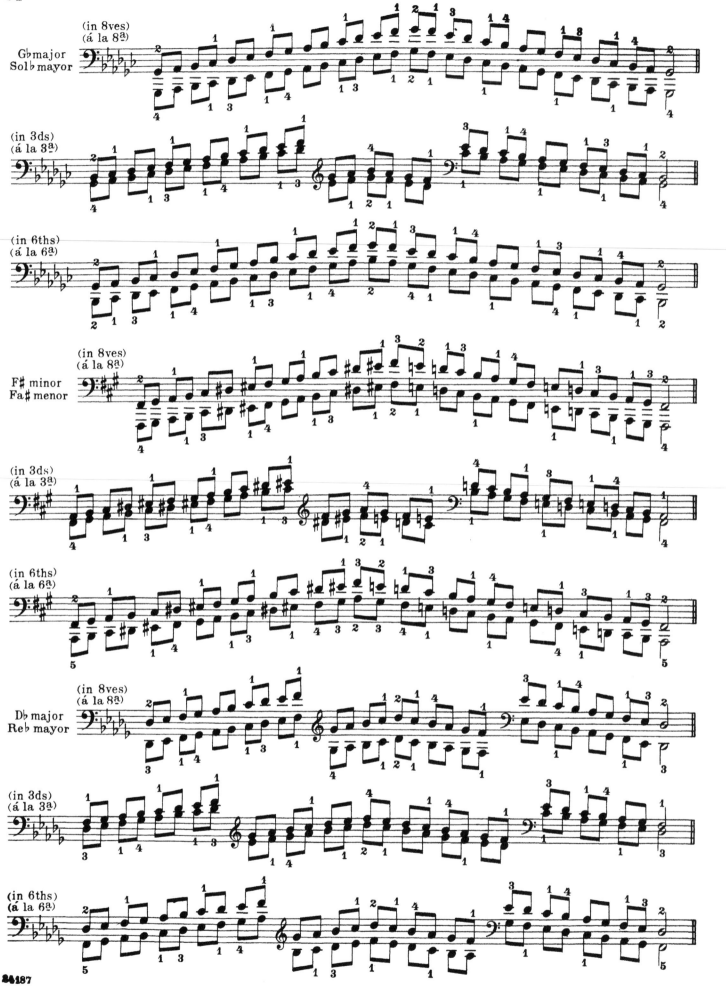

C♯ minor
Do♯ menor

(in 8ves)
(á la 8ª)

(in 3ds)
(á la 3ª)

(in 6ths)
(á la 6ª)

A♭major
La♭ mayor

(in 8ves)
(á la 8ª)

(in 3ds)
(á la 3ª)

(in 6ths)
(á la 6ª)

G♯ minor
Sol♯ menor

(in 8ves)
(á la 8ª)

(in 3ds)
(á la 3ª)

(in 6ths)
(á la 6ª)

36

E♭major
Mi♭ mayor

(in 8ves)
(á la 8ª)

(in 3ds)
(á la 3ª)

(in 6ths)
(á la 6ª)

E♭minor
Mi♭ menor

(in 8ves)
(á la 8ª)

(in 3ds)
(á la 3ª)

(in 6ths)
(á la 6ª)

B♭major
Si♭ mayor

(in 8ves)
(á la 8ª)

(in 3ds)
(á la 3ª)

(in 6ths)
(á la 6ª)

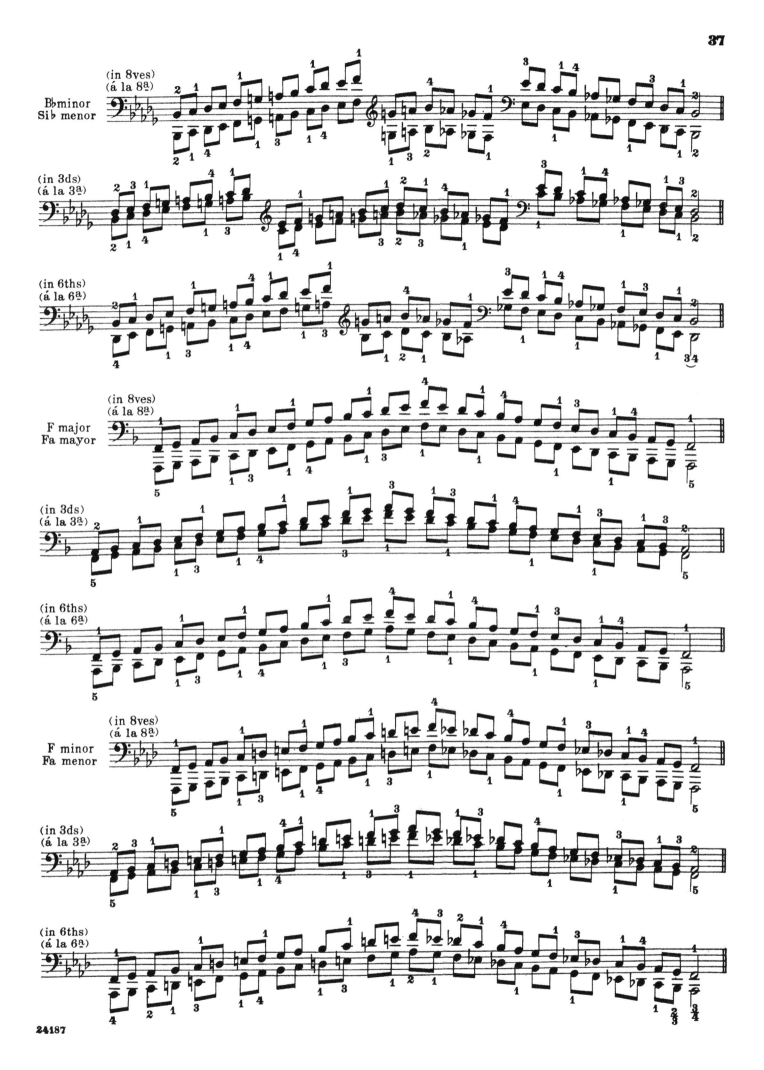

The minor scales with minor sixth and leading-tone, ascending and descending.

Serie de escalas menores con la sexta menor y la nota sensible al ascender y al descender.

Simple Chromatic Scales | Escalas Cromáticas Sencillas

A (in the octave)
(á la Octava)

B

C

D

E

F

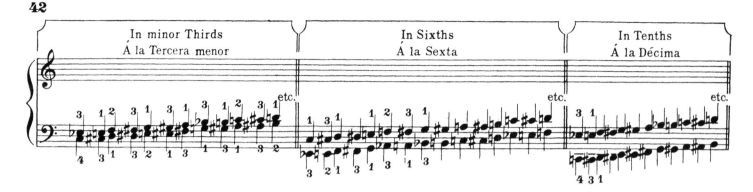

In minor Thirds	In Sixths	In Tenths
À la Tercera menor	À la Sexta	Á la Décima

As the twelve chromatic notes comprised in the compass of one octave can be divided by two, three, four and six, they may be studied through any desired number of octaves, using the first five rhythms. Rhythm No. 6 is to be used only through two to four octaves.

It would be well to begin with each of the notes of the chromatic octave, C-C♯-D, etc., in succession.

Como las 12 notas cromaticas contenidas en la extensión de una octava son dividibles por 2, por 3, por 4 y por 6, se podrán estudiar con el número de octavas que se quiera en los 5 primeros ritmos. No se estudiará el sexto ritmo más que con dos ó cuatro octavas.

Será conveniente hacerlos empezar, sucesivamente, por todas las notas de la octava cromática, Do-Do♯-Re, etc.

Combination-work in the Third Section

The scales may be practised by two or even three, persons together, at one piano.

Trabajo de Conjunto en la Tercera Serie

Las escalas pueden ser estudiadas por dos y aun por tres personas, simultaneamente, en un solo piano.

Series Four

Arpeggios and Arpeggiated Chords derived from the Major Triad

Arpeggios

We present the arpeggios in two different forms. In order to avoid the slowness of rhythm A, they are to be practised beginning with rhythm B.

Cuarta Serie

Arpegios y Acordes Arpegiados Resultantes Acorde Perfecto

Arpegios

Presentaremos los arpegios bajo dos formas diferentes. A fin de evitar la lentitud del ritmo A, los estudiaremos á partir del ritmo B solamente.

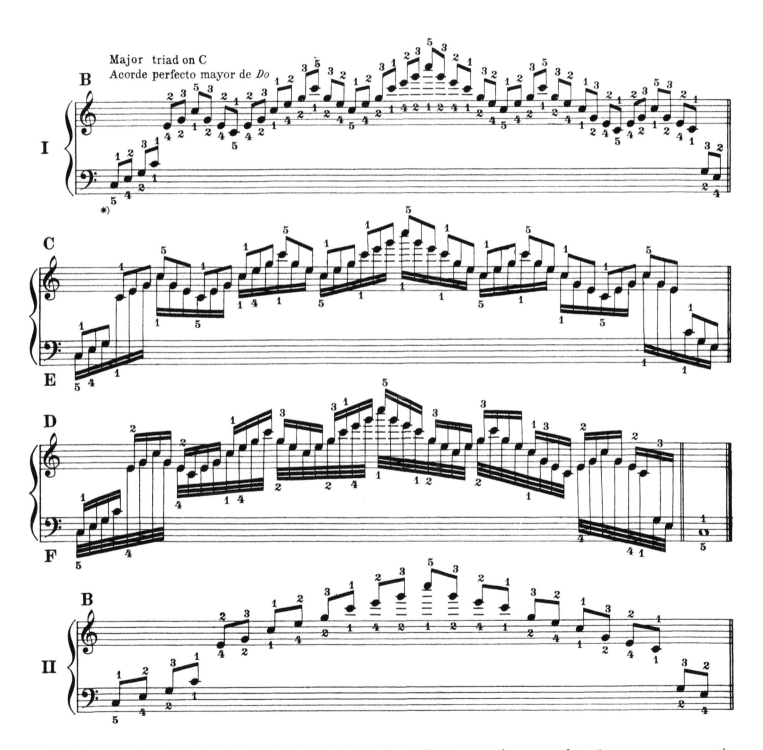

Major triad on C
Acorde perfecto mayor de *Do*

*) In the arpeggios and broken chords forming this fourth series, the left hand is placed only one octave below the right hand.

*) En los arpegios y acordes rotos que componen esta cuarta serie, la mano izquierda debe colocarse una octava más abajo de la derecha.

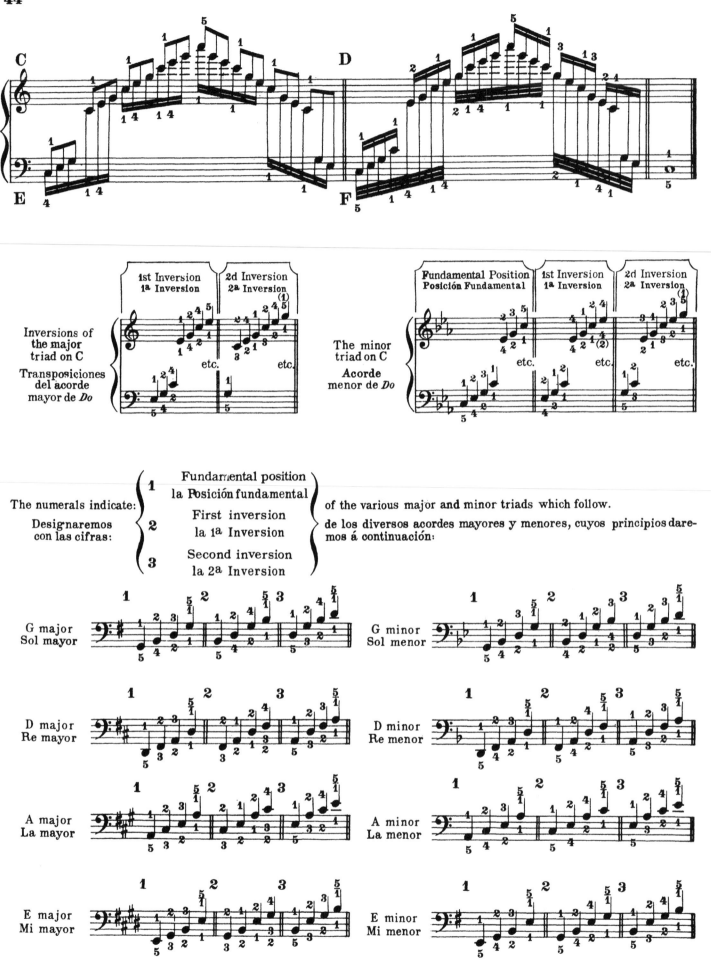

Inversions of the major triad on C
Transposiciones del acorde mayor de Do

1st Inversion / 1ª Inversion
2d Inversion / 2ª Inversion

The minor triad on C
Acorde menor de Do

Fundamental Position / Posición Fundamental
1st Inversion / 1ª Inversion
2d Inversion / 2ª Inversion

The numerals indicate:
Designaremos con las cifras:

1 — Fundamental position / la Posición fundamental

2 — First inversion / la 1ª Inversion

3 — Second inversion / la 2ª Inversion

of the various major and minor triads which follow.

de los diversos acordes mayores y menores, cuyos principios daremos á continuación:

G major / Sol mayor

G minor / Sol menor

D major / Re mayor

D minor / Re menor

A major / La mayor

A minor / La menor

E major / Mi mayor

E minor / Mi menor

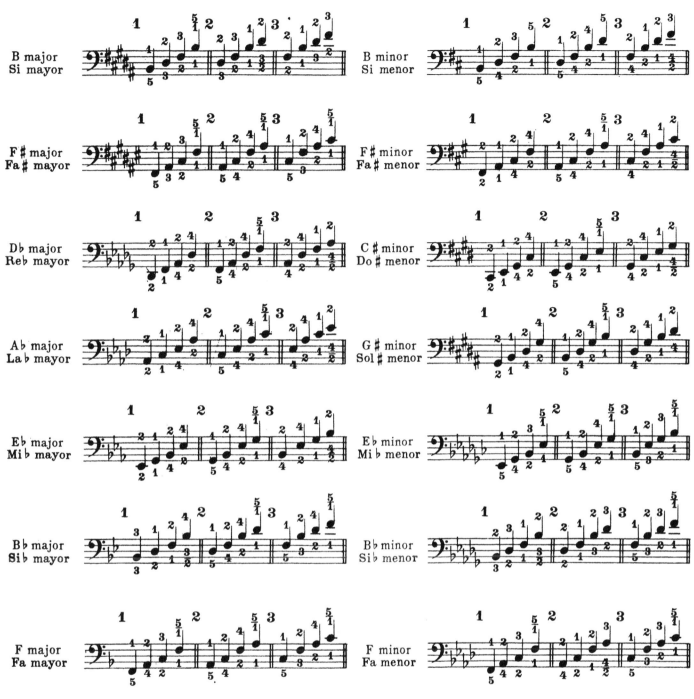

Combining the use of the fundamental position with that of its inversions, and of the inversions among themselves, the following different arpeggio-groupings may be obtained.

Combinando la posición fundamental de cada acorde con sus inversiones, y las inversiones entre sí, se pueden producir los diferentes grupos de arpegios siguientes.

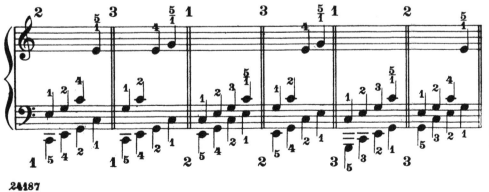

The C minor triad and all the other major and minor chords indicated above are to be played in the same way.

Lo mismo el acorde menor de *Do* que todos los otros mayores y menores indicados más arriba deben ejecutarse del mismo modo.

Arpeggiated Chords

Two different forms of the arpeggiated chord are here given.

Acordes Arpegiados

Danse á continuación dos formas diferentes de acordes arpegiados.

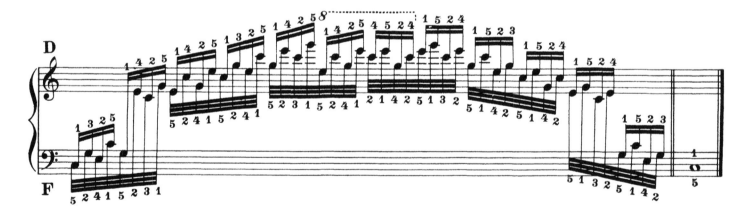

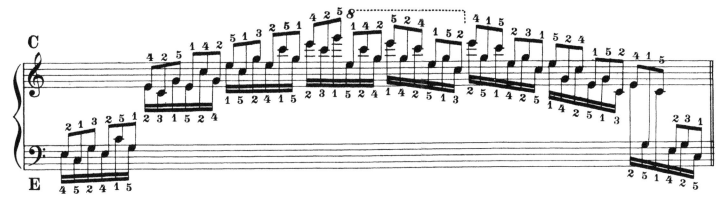

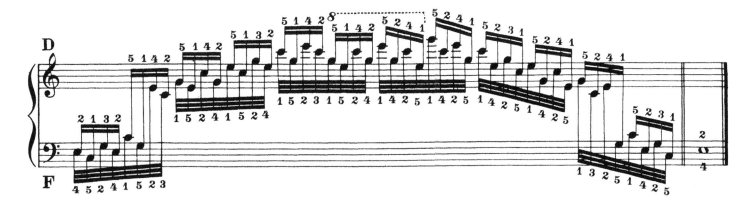

1st Inversion / 1ª Inversion

2d Inversion / 2ª Inversion

Inversions of the major triad on C.

Inversiones del acorde mayor de *Do*.

The minor triad on C.

Acorde perfecto menor de *Do*

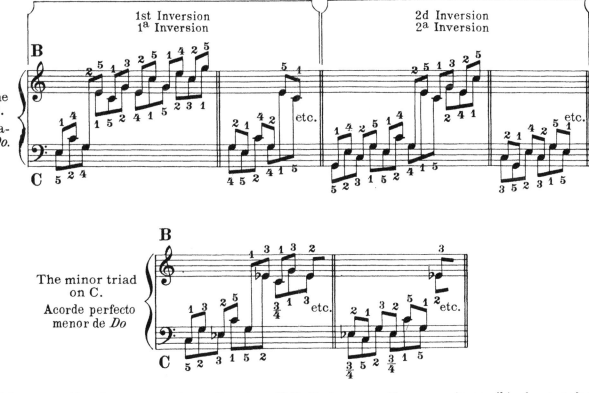

N.B. It has not been considered necessary to write out the broken chords resulting from triad-inversions into which one or two black keys enter. Their fingering is always the same for all notes throughout the whole extent of the keyboard, no matter what tone they begin on.

N.B. No hemos creido necesario escribir dos acordes troncados resultantes de las inversiones de los mismos en los cuales entran una ó dos teclas negras. Su digitación completa es la misma en toda la extensión del teclado cuálquiera que sea la nota por la cual se empiece.

48

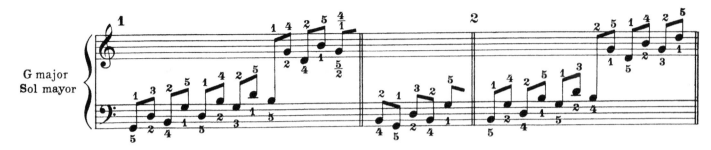

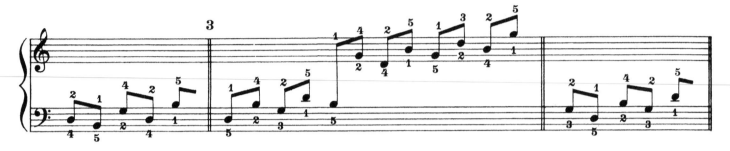

G major
Sol mayor

G minor
Sol menor

D major
Re mayor

D minor
Re menor

A major
La mayor

A minor
La menor

E major
Mi mayor

E minor
Mi menor

B major
Si mayor

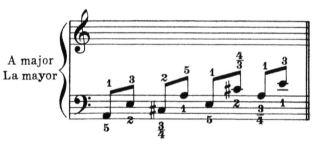

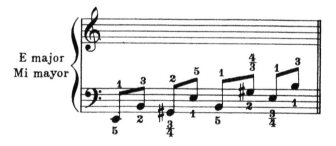

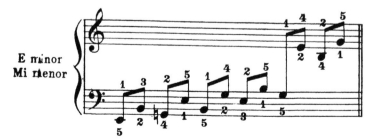

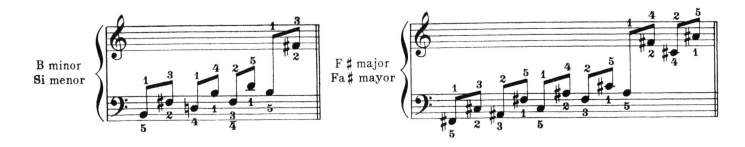

B minor / Si menor
F♯ major / Fa♯ mayor

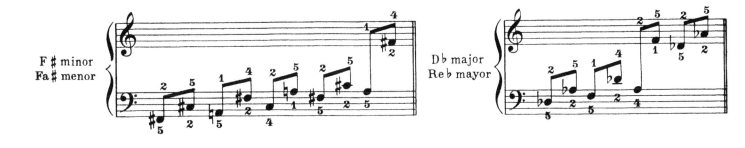

F♯ minor / Fa♯ menor
D♭ major / Re♭ mayor

C♯ minor / Do♯ menor
A♭ major / La♭ mayor
G♯ minor / Sol♯ menor

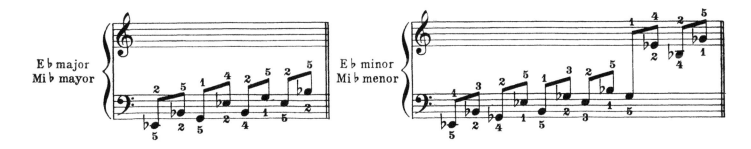

E♭ major / Mi♭ mayor
E♭ minor / Mi♭ menor

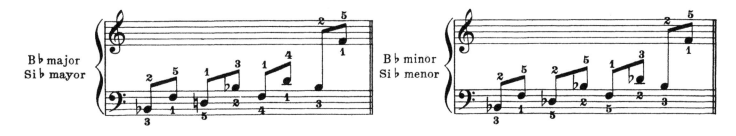

B♭ major / Si♭ mayor
B♭ minor / Si♭ menor

F major / Fa mayor
F minor / Fa menor

24187

Combination-work
for the Fourth Section

Trabajo de Conjunto
de la Cuarta Serie

Arpeggios

Arpegios

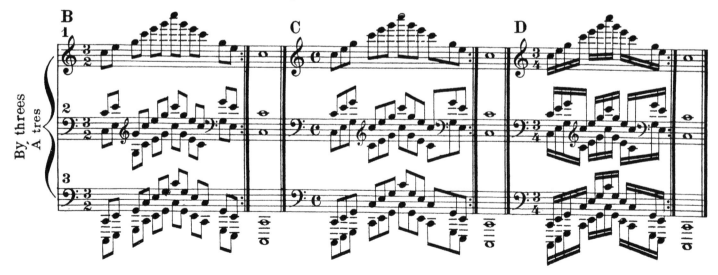

Arpeggiated Chords | Acordes Arpegiados

By twos
À dos

By threes
À tres

Section Five

Wrist-work

In this section, all the exercises of which should be practised with the wrist-movement only, and with the greatest degree of flexibility attainable, it is necessary to keep the fingers as rigid and motionless as possible.

Exercises in single and double notes and on three and four notes should be repeated, using the wrist in the three ways indicated on page 3, and employing the first four rhythms.

Quinta Serie

Juego de la muñeca

En esta serie, todos los ejercicios deberán practicarse articulando la muñeca solamente, y con la mayor flexibilidad posible, es necesario mantener los dedos tan firmes e inmóviles como sea dable.

Ejercicios de notas solas, dobles, triples y cuádruples, moviendo la muñeca de las tres maneras indicadas en la página 3 usando los cuatro primeros ritmos.

The same for the remaining four fingers.

Lo mismo con los otros cuatro dedos.

The same for double-notes, three- and four-tone chords.

Lo mismo en todas las notas dobles, triples y cuádruples.

The same fifth with another fingering.

La misma quinta con otra digitación.

All of the single-note exercises of Section One may be practised with the wrist-movement. | Todos los ejercicios en notas solas de la primera serie se pueden llevar á cabo destacando con la muñeca.

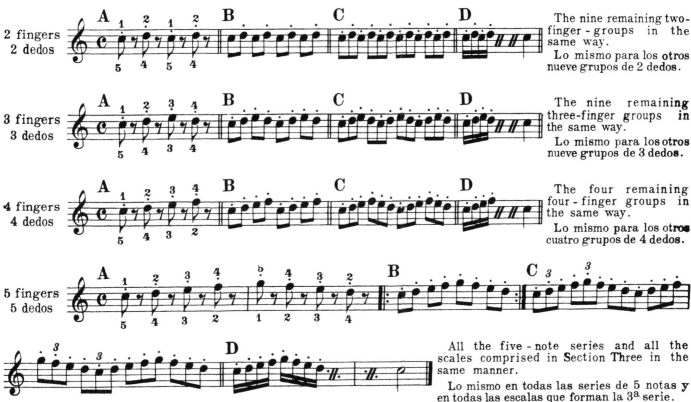

2 fingers
2 dedos — The nine remaining two-finger-groups in the same way.
Lo mismo para los otros nueve grupos de 2 dedos.

3 fingers
3 dedos — The nine remaining three-finger groups in the same way.
Lo mismo para los otros nueve grupos de 3 dedos.

4 fingers
4 dedos — The four remaining four-finger groups in the same way.
Lo mismo para los otros cuatro grupos de 4 dedos.

5 fingers
5 dedos — All the five-note series and all the scales comprised in Section Three in the same manner.
Lo mismo en todas las series de 5 notas y en todas las escalas que forman la 3ª serie.

N.B. The successions of thirds contained in section six should be practised with the wrist-movement, and using the given fingering; but only after repeated practice with the *legato* touch. | N.B. Las terceras digitadas contenidas en la serie sexta deberán ser estudiadas, también destacando con la muñeca, pero no antes de haberlas ejecutato repetidas veces en *ligato*.

The successions of double-notes and triple-notes here given should be practised with the same fingering, and a flexible wrist-movement. | La sucesión de notas dobles y triples dadas á continuación deben practicarse con la misma digitación y con movimiento flexible de la muñeca.

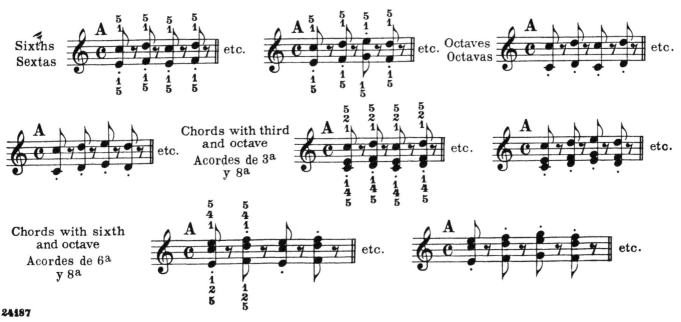

Thirds
Terceras — These thirds may be played with the fingers $\frac{4}{1}$ in the right hand, and $\frac{1}{4}$ in the left.
Estas terceras pueden tocarse con $\frac{4}{1}$ de la mano derecha y $\frac{1}{4}$ de la mano izquierda.

Sixths
Sextas

Octaves
Octavas

Chords with third and octave
Acordes de 3ª y 8ª

Chords with sixth and octave
Acordes de 6ª y 8ª

Ascending and Descending Successions

Series Ascendentes y Descendentes

1.

2.

The two preceding series of exercises may be played in the same manner, using the thumb and the fourth finger of each hand.

Las dos series precedentes podrán tocarse del mismo modo usando el pulgar y el cuarto dedo de cada una de las manos.

They may also be practised with the following double and triple notes instead of the thirds.

También se pueden estudiar esas dos series con las notas dobles y triples siguientes, en lugar de las terceras.

Octave Successions
These may be practised in all the keys

Serie de Octavas
Pueden ser tocadas en todos los tonos

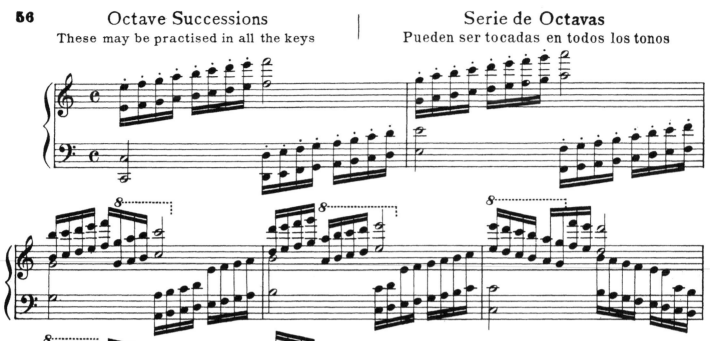

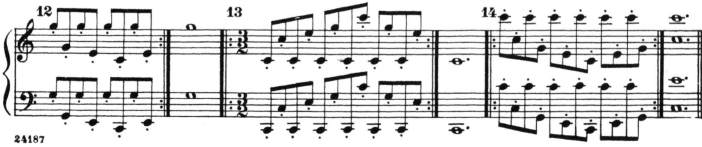

Such students as are desirous of giving especial attention to octaves, may play with both hands in octaves, through all the keys and using different rhythms. the five-tone exercises of Section One; the diatonic and chromatic scales; and the arpeggios and broken chords. The fourth instead of the fifth finger should be used on the black keys when the spread of the hand permits.

Las personas que deseen estudiar de manera especial las Octavas, podran tocar con las dos manos, en octavas, en todos los tonos y empleando diferentes ritmos, los ejercicios de 5 notas de la primera serie, las escalas simples, diatónicas y cromáticas, los arpegios y los acordes disueltos. Para ello pondrán sobre las teclas negras el cuarto dedo en lugar del quinto cuando la extensión de la mano lo permita.

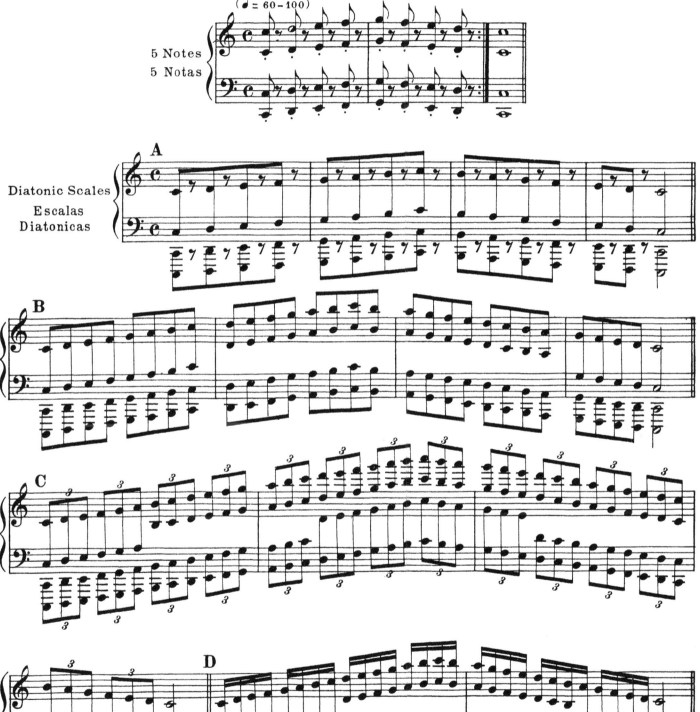

5 Notes
5 Notas

Diatonic Scales
Escalas
Diatonicas

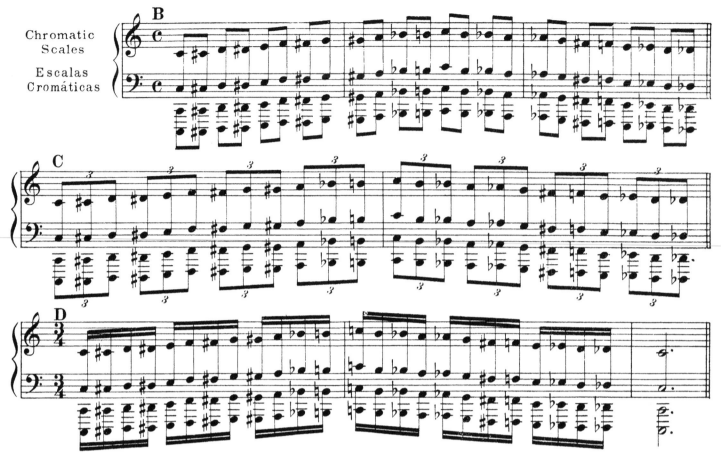

Chromatic Scales

Escalas Cromáticas

The chromatic scales in octaves may begin with any desired note and progress through a succession of octaves on the keyboard.

Se podrán empezar las escalas cromáticas en octavas por la nota que se quiera y hacerlas en gran número de octavas.

The diatonic and chromatic scales may be formed by placing the two hands a third, a tenth and a sixth apart.

Las escalas diatónicas y cromáticas en octavas pueden hacerse colocando las dos manos á la Tercera, á la Décima y á la Sexta una de la otra.

Third
á la Tercera

Tenth
á la Décima

Sixth
á la Sexta

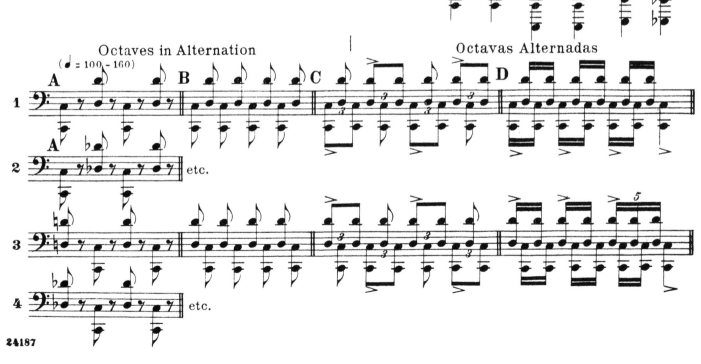

Octaves in Alternation

Octavas Alternadas

The same scale in rhythm **D**

La misma escala con el ritmo **D**

Each of the chromatic scales beginning with one of the twelve tones of the chromatic octave, should be played in the same manner as the above exercises, using rhythms **B** and **D**.

Las escalas cromáticas, empezando en cada nota de la octava cromática, deben tocarse del mismo modo que los ejercicios anteriores usando los ritmos **B** y **D**.

Combination-work in Section Five | Trabajo de Conjunto de la Quinta Serie

On the same Piano

En el mismo Piano

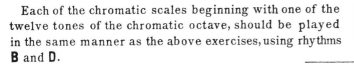

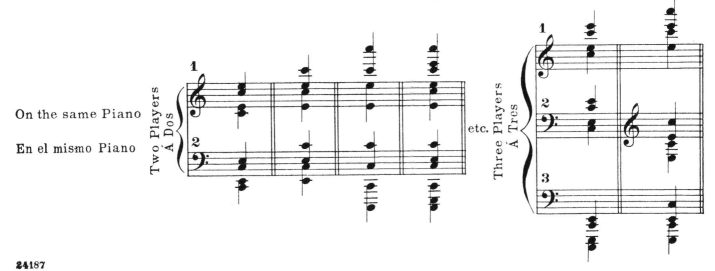

Section Six

Double notes and three notes with a quiet hand.
Tremolos in triplets and four notes. Double - note
passages covering the whole extent of the keyboard.
Diatonic and chromatic scales in thirds and sixths.

Sexta Serie

Notas dobles y triples á mano quieta. Trémolos de
notas triples y cuádruples
Serie de Notas dobles recorriendo el teclado. Escalas
diatónicas y cromáticas en terceras y en sextas.

A series of ten Double-notes

Diez Notas Dobles

Five groups of alternating Double-notes

Cinco Grupos de dos Notas Dobles Sucesivas

Groups of three successive Thirds

Grupos de tres Terceras Sucesivas

Six combinations of the
group of three thirds
Seis combinaciones de este
grupo de tres terceras

Rhythmic study of these
six combinations
Estudio rítmico de
estas seis combinaciones

Groups of four and five successive thirds | Grupos de Cuatro y Cinco Terceras Sucesivas

Special Studies in Sixths with a Quiet Hand | Estudios especiales de Sextas con Mano Quieta

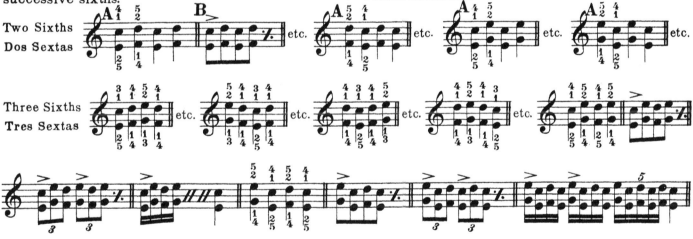

These exercises may also be studied using the first four rhythms for the groups of two and three successive sixths.

Estos ejercicios también se pueden estudiar usando los cuatro primeros ritmos para grupos de dos y tres sextas sucesivas.

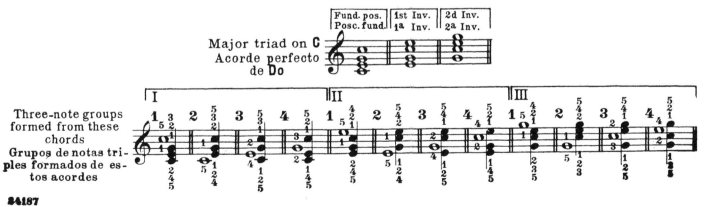

Three-note Groups with a Quiet Hand | Notas Triples á Mano Quieta

These three-note groups are derived from the various positions of the perfect triads and their inversions.

Estas notas triples las sacamos de las diversas posiciones que ofrecen los acordes perfectos y sus inversiones.

Tremolos resulting from three- and four - note groupings, each of which forms one of the chords indicated.

Trémolos resultantes de notas triples y cuádruples y que forman cada uno de ellos los acordes indicados.

This same exercise in three notes and tremolos may be carried out in all **major and minor triads**, as well as in the four-note positions derived from the seventh-chords and their inversions.

Este mismo ejercicio de notas triples y de trémolos puede llevarse á cabo con todos los otros acordes perfectos, así como también con las posiciones de cuatro notas ofrecidas por los acordes de 7ª y sus inversiones.

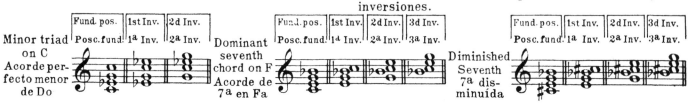

N. B. Each student can form all the four-finger chords himself by taking those of five notes, in the succeeding series, and leaving out the upper note

N. B. Cada alumno puede formar todos los acordes de cuatro dedos si así lo desea, con solo tomar los de cinco notas consignados en la serie siguiente y suprimir de ellos la nota superior.

Successions of thirds and sixths covering the keyboard without turning under the thumb.

Serie de terceras y de sextas recorriendo el teclado sin pasar el pulgar.

Thirds

Terceras

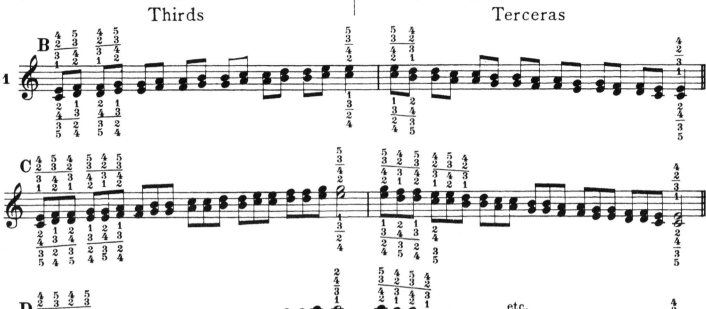

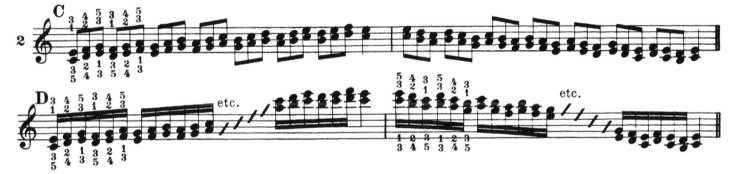

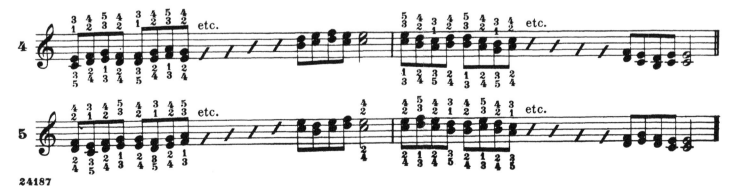

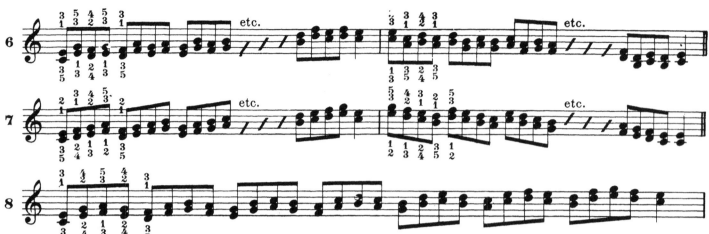

Sixths | Sextas

Major and minor scales in thirds

Exercises for studying the passing under of the thumb in the scales in thirds.

Escalas mayores y menores en terceras

Ejercicios para estudiar el pase del pulgar en las escalas de terceras.

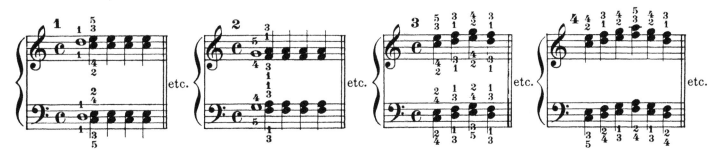

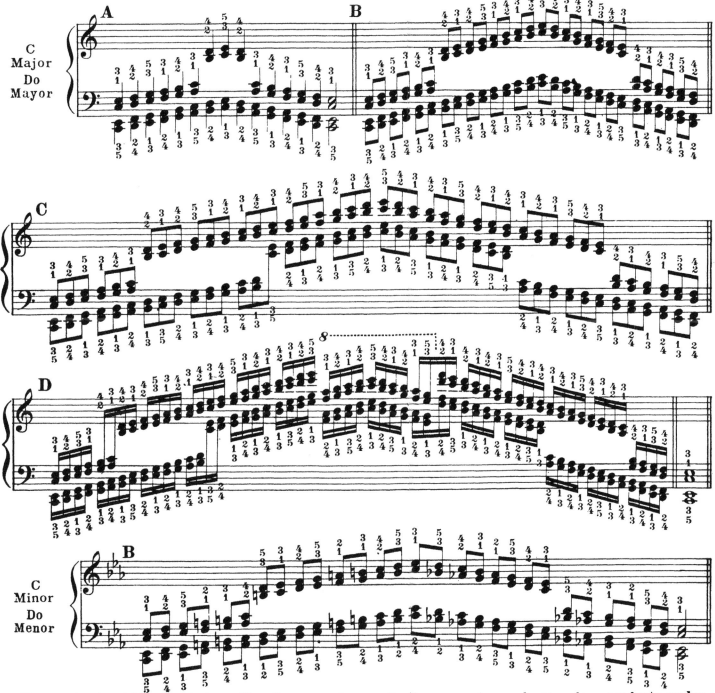

This scale should be carried out like the preceding ones in rhythms C and D; as should also all the **following scales**, which are only marked for rhythm B.

Continuese esta escala como la precedente en **los** ritmos C y D.

Lo mismo para todas las escalas **siguientes solo** marcadas con el ritmo B.

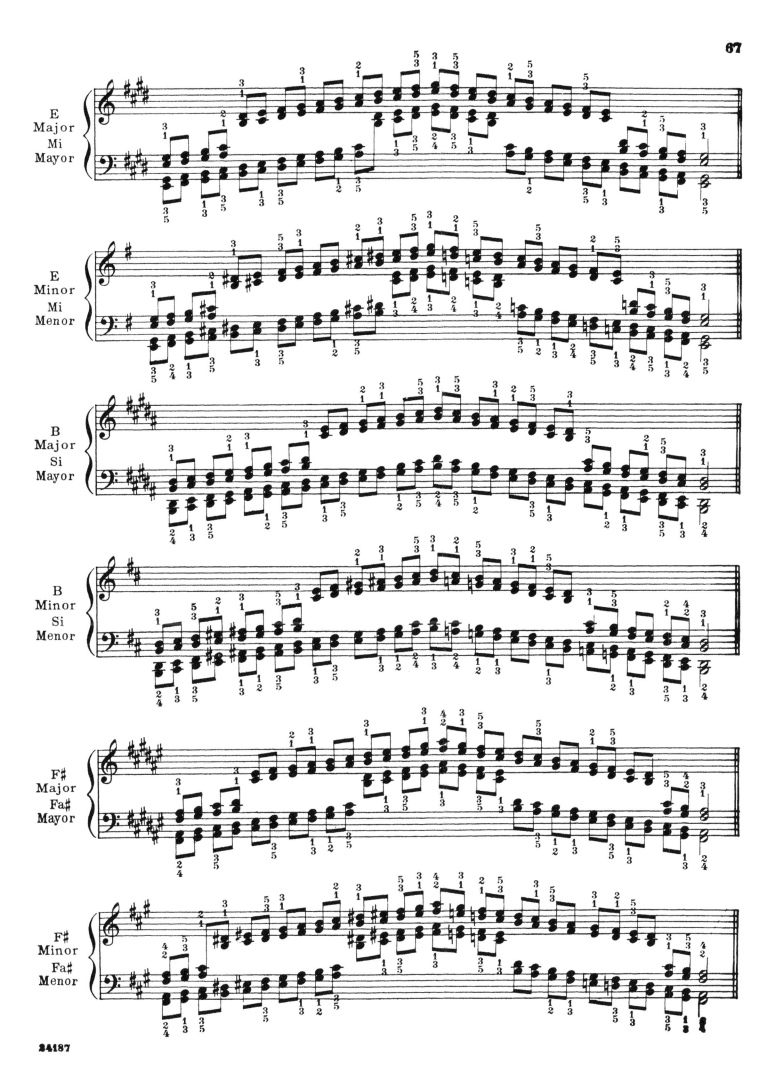

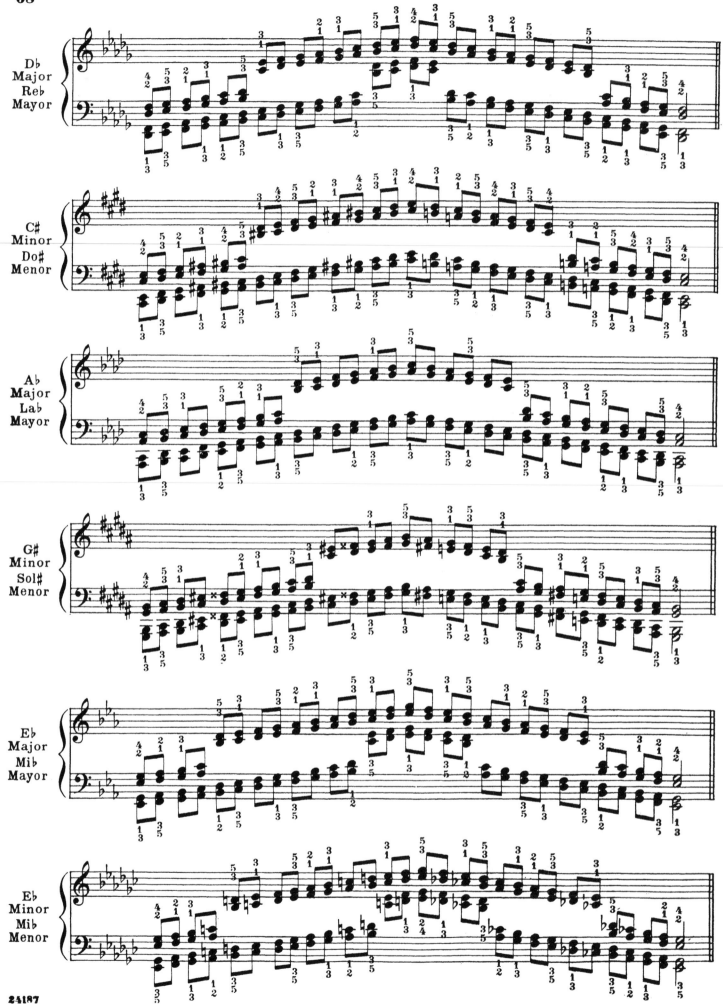

Chromatic Scales in Thirds | **Escalas Cromáticas en Terceras**

In order to study rhythm D, follow the scale as written for rhythm B, playing four notes in place of two to each beat of the metronome.

Chromatic scales in thirds, like all other chromatic scales, may be played through as many octaves as desired, beginning, in succession, with each note of the chromatic octave.

Para estudiar el ritmo D sígase la escala escrita para el ritmo B tocando cuatro notas en lugar de dos por cada golpe del Metrónomo.

Las escalas cromáticas en terceras pueden tocarse, como todas las demás escalas cromáticas, en tantas octavas como se quiera, empezándolas, sucesivamente, por todas las notas de la octava cromática.

Major and Minor Scales in Sixths
Escalas mayores y menores en sextas

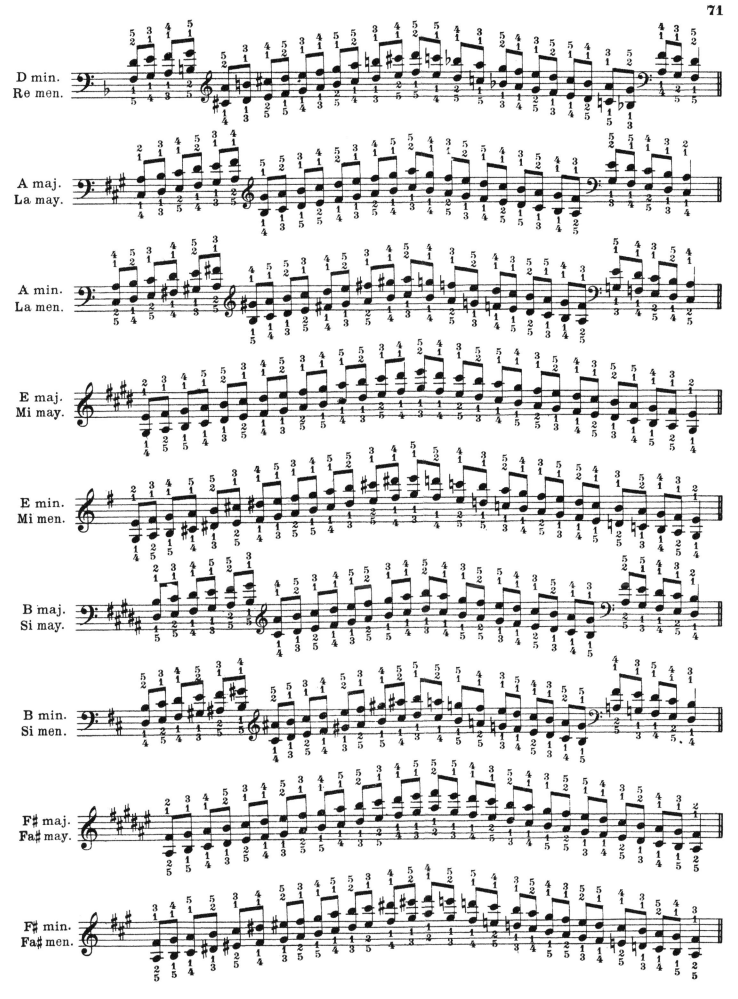

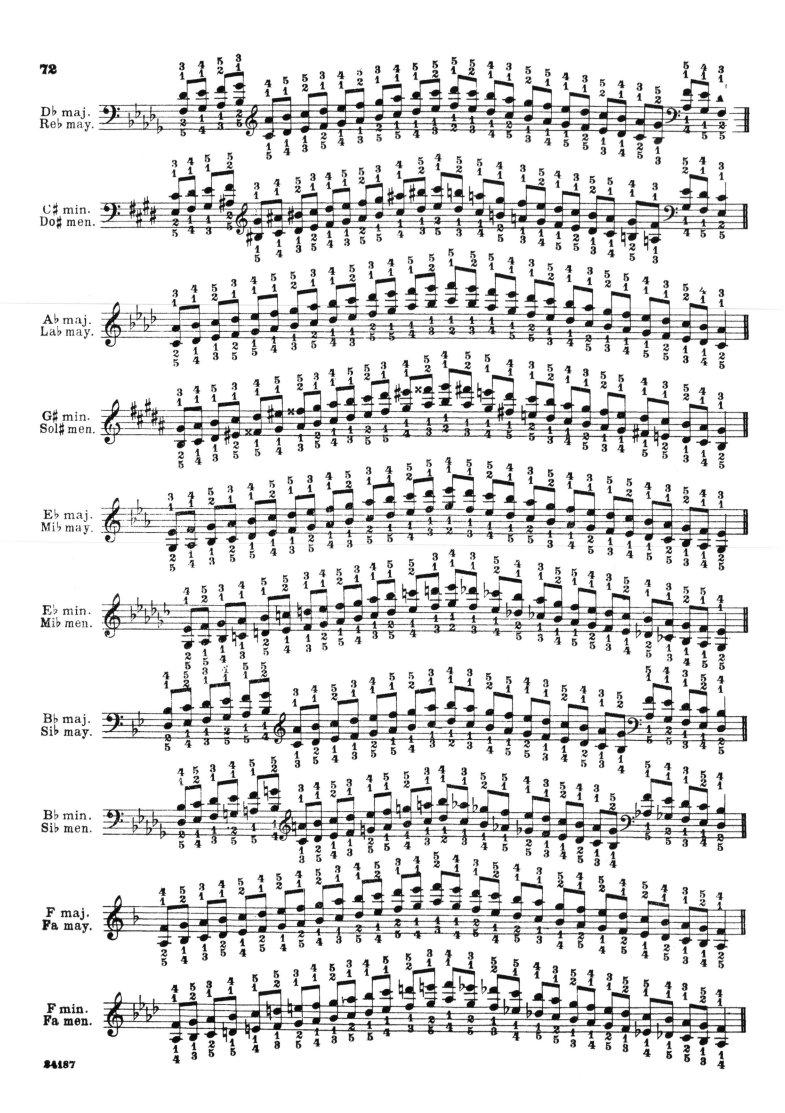

Chromatic scales in major and minor sixths | Escalas cromaticas en sextas mayores y menores

Major Sixths. Sextas Mayores.

Minor Sixths. Sextas Menores.

Combination-work for Section Six | Trabajo de conjunto de la Serie Sexta

Thirds and sixths with a quiet hand.

Terceras y Sextas con mano quieta

Thirds and sixths covering the keyboard

Terceras y Sextas recorriendo el teclado

By twos. Á dos

By threes. Á tres.

Á dos. By twos

Á tres. By threes

Three octaves
Tres octavas

Two octaves
Dos octavas

One octave
Una octava

Scales in Thirds
Escala en Terceras
Á dos.

Á tres. By threes

etc.

For scales in sixths played by two or three persons at the same piano, the positions should be the same as for sixths played through the whole extent of the keyboard.

Para las escalas en sextas tocadas por dos ó tres per-sonas, en un solo Piano, las posiciones deberán ser las mismas que para las sextas recorriendo el teclado.

24187

Section Seven
Finger-Extension
Exercises with a quiet hand, arpeggios and broken chords derived from the various five-finger chords
Chords of the Diminished Seventh*

The chords selected to begin with in the finger-extension exercises are those of the diminished seventh.

One of these chords may be formed on each of the twelve tones of the chromatic scale, as will be seen in the twelve following positions.

Séptima Serie
Extensión de los Dedos
Ejercicios con mano quieta, arpegios y acordes rotos derivados de los diversos acordes de cinco dedos
Acordes de Séptima Disminuida*

Los acordes escogidos para emprender con los ejercicios de extensión son los de séptima disminuida.

En cada nota de la escala cromática puede formarse un acorde, que en conjunto dan por resultado los doce que a continuación mostramos.

In the beginning the pupil should confine himself to placing his fingers on these twelve positions successively, and holding them there, in order to accustom the hand to the stretches they present; without adding, at this stage, the difficulty of articulation to that of extension.

Following this, each chord may be played complete, in three manners and in the different rhythms.

Al principio el educando debe limitarse a colocar sus dedos en estas doce posiciones sucesivamente y sostenerlos fijos algunos minutos para acostumbrar la mano a las extensiones que representan; sin darles sonido, para no añadir éste al esfuerzo de ponerlos en posición.

Depués tóquese cada acorde completo, de tres modos y en tres diferentes ritmos.

These same positions may be utilized for the study of the exercises with a quiet hand contained in the first and sixth sections of this collection; as well as for that of the arpeggios and the new broken chords.

N. B. It would be well if much time were spent in the practice of the three manners, and the first rhythm in the quiet-hand exercises, given below, before using the same exercises in connection with rhythms two, three and four.

We believe it our duty to expressly recommend to those beginning the study of Section Seven, the adoption of infinite precautions in this extension-work. The best thing to do would be never to exercise the hands together, or one hand after the other, for too long a time in succession. Frequent alternation between the hands and the avoidance of all fatigue or pain to the wrists, will help the pupil to escape the very real dangers of studies of this kind, studies which, if prudently followed up, are the best calculated to develop the strength and elasticity of the fingers.

Estas mismas posiciones servirán para el estudio de los ejercicios con mano fija, contenidos en la primera y en la sexta serie de esta colección; así como también para los arpegios y los nuevos acordes rotos.

N. B. Sería muy conveniente el que se estudiara por bastante tiempo la ejecución de esos tres modos y del primer ritmo en los ejercicios con mano quieta, antes de adaptar éstos á los ritmos dos, tres y cuatro.

Creemos deber nuestro el recomendar especialmente al empezar el estudio de la séptima serie, que se tomen muchas precauciones al ejercitar los dedos en estas extensiones. Lo más acertado sería que no se practicaran con las manos juntas, ni una después de la otra por mucho tiempo a la vez, sino que las manos deben alternarse con frecuencia y de ese modo se evitará la fatiga y el dolor de la muñeca que resultarían si se tocasen muy seguidos. Practicados con prudencia, estos ejercicios darán el sumo grado de fuerza y elasticidad a los dedos.

---

* In order to facilitate the reading of the chords of the diminished seventh, they are not always written according to the note on which they are based. These enharmonic changes do not in any way change the intervals of which they are formed on the keyboard.

The following chords all have the same finger-positions, and sound the same to the ear.

* Para facilitar la lectura de los acordes en séptima disminuida, no siempre se escriben de acuerdo con la nota en que se basan. Sin embargo estos cambios enarmonicos no causan diferencia en los intervalos que forman en el teclado.

Los siguientes acordes todos tienen la misma posición para los dedos, y el mismo sonido.

Exercises with a quiet hand
Single notes

Ejercicios con mano quieta
Notas Sencillas

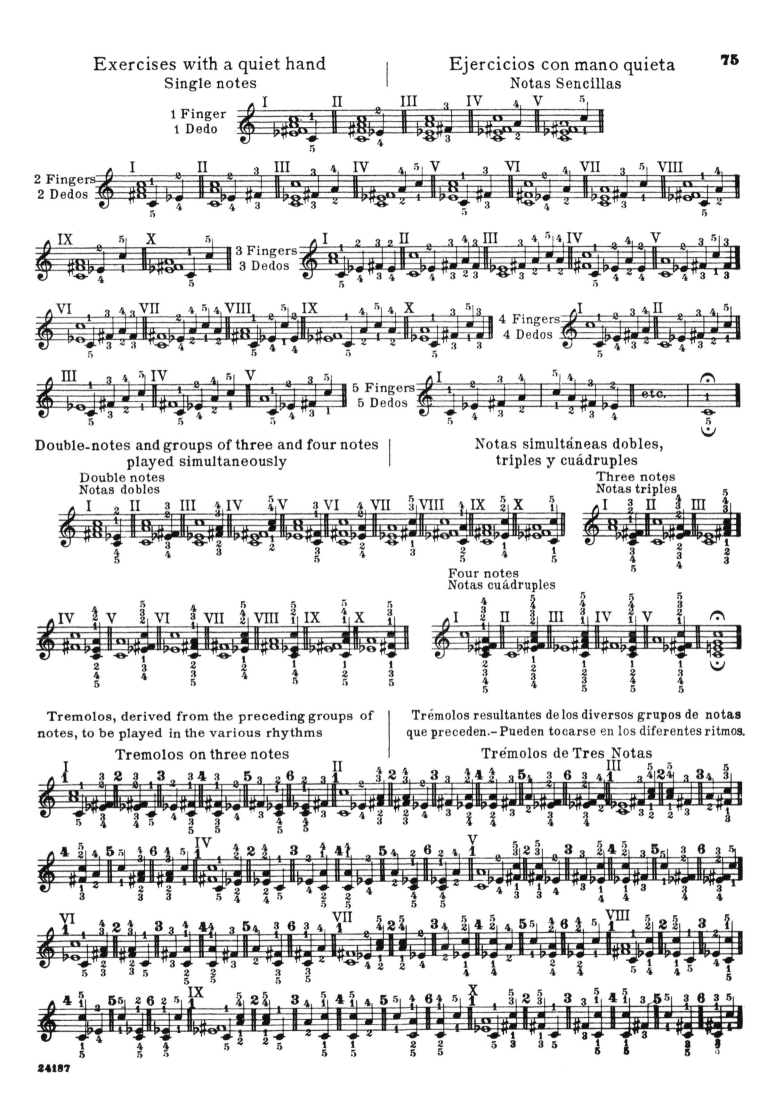

Double-notes and groups of three and four notes played simultaneously

Double notes
Notas dobles

Notas simultáneas dobles, triples y cuádruples

Three notes
Notas triples

Four notes
Notas cuádruples

Tremolos, derived from the preceding groups of notes, to be played in the various rhythms

Tremolos on three notes

Trémolos resultantes de los diversos grupos de notas que preceden.–Pueden tocarse en los diferentes ritmos.

Trémolos de Tres Notas

Tremolos on four notes | Trémolos de Cuatro Notas

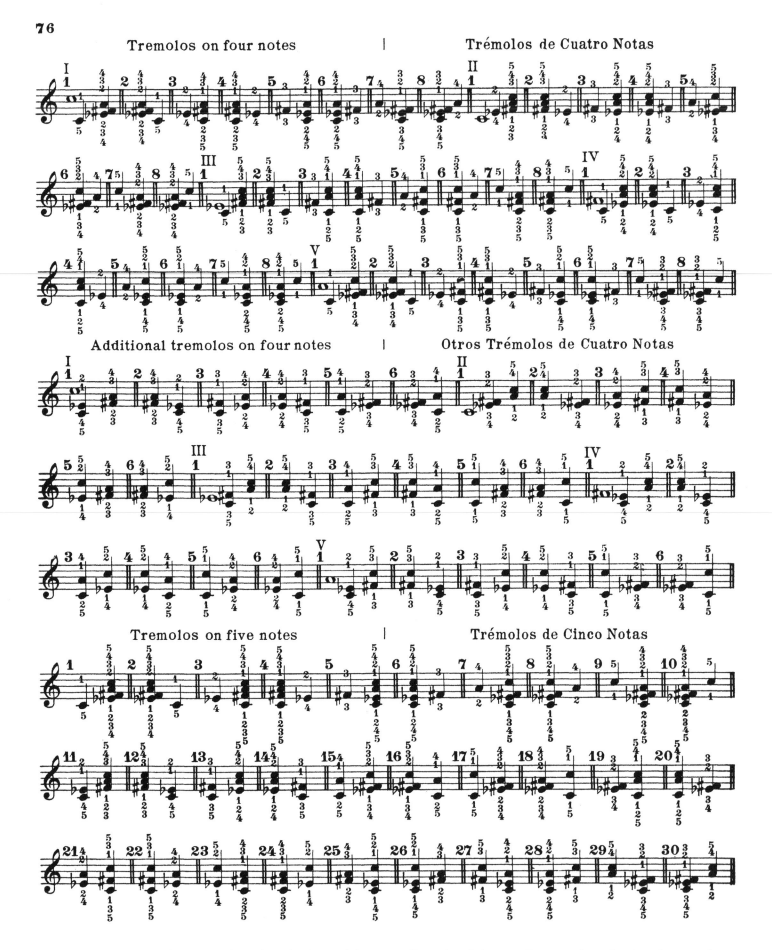

Additional tremolos on four notes | Otros Trémolos de Cuatro Notas

Tremolos on five notes | Trémolos de Cinco Notas

All the exercises above mentioned can be formed by taking for position the eleven other chords of the diminished seventh.

Los ejercicios arriba mencionados pueden ser **formados** tomando para posición los otros once acordes del séptimo **disminuido**.

Arpeggios derived from Chords of the Diminished Seventh

Arpegios resultantes de Acordes de 7ª Disminuida

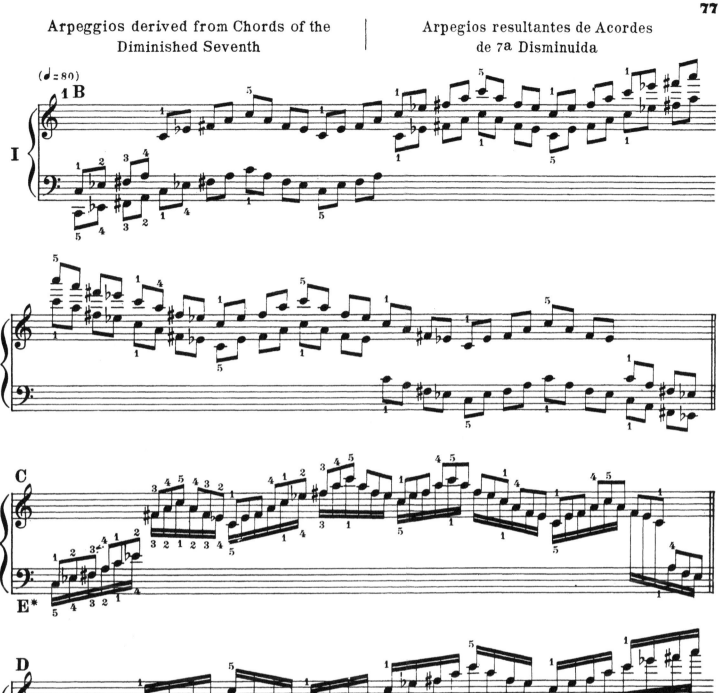

* The bass should be played one octave below the right hand wherever no mention is made to the contrary.

*El bajo debe tocarse una octava más abajo que la mano derecha, al menos que se arise lo contrario.

24187

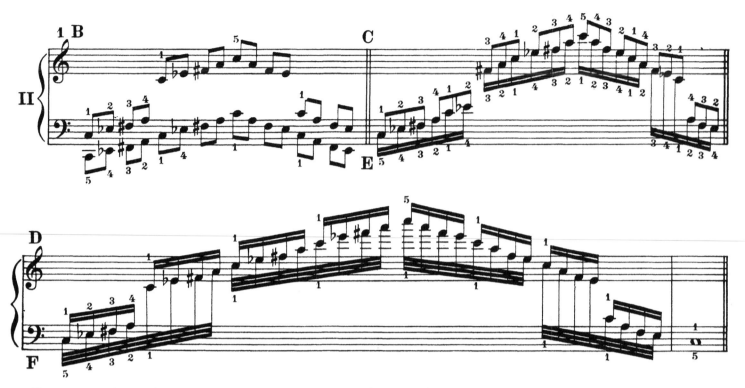

The other eleven Chords of the Diminished Seventh in the same way.

Lo mismo en los otros 11 acordes de 7ª disminuida.

These arpeggios may be studied in such a way that the two hands combine Nos. 1, 4, 7, 10 - 2, 5, 8, 11 - 3, 6, 9, 12.

Se podrán estudiar estos arpegios combinando con las dos manos los números 1, 4, 7, 10 - 2, 5, 8, 11- 3, 6, 9, 12.

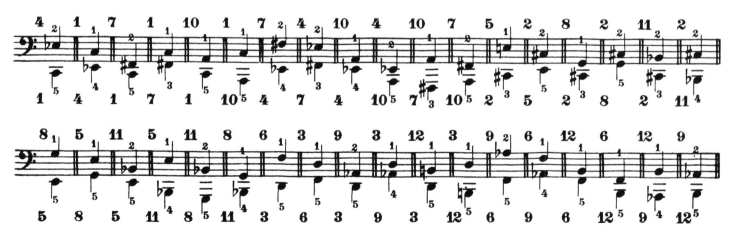

Broken chords derived from Chords of the Diminished Seventh | **Acordes alterados derivados de los acordes de 7ª disminuida**

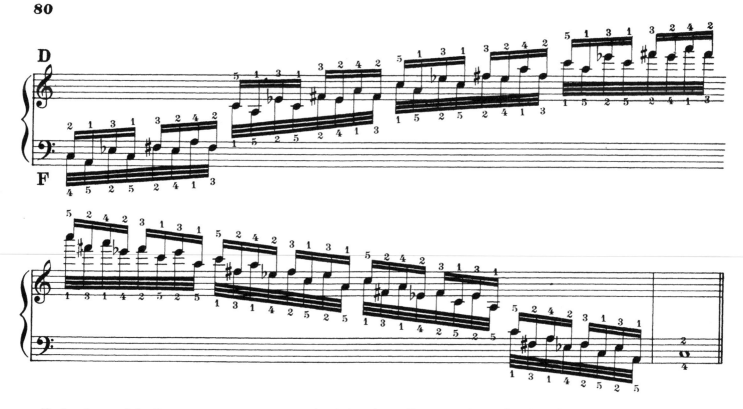

To be formed in the same manner on each of the degrees of the chromatic scale.

Para ser formados igualmente en cada grado de la escala cromática.

These various broken chords may be combined between the hands in the same intervals as the preceding arpeggios.

Estos diversos acordes troncados podrán combinarse con las dos manos en los mismos intervalos que los arpegios precedentes.

Chromatic Progressions in Five-finger Chords

The various exercises presented, derived from the chord of the diminished seventh may be used in the same manner, for all the chords with minor 7th and their respective inversions.

Before writing this new study in a complete and detailed form, we give two *chromatic progressions,* in five-finger chords, which comprise in themselves alone almost the whole material for extension work. They link in succession, both in ascending and descending, the three minor sevenths and the diminished seventh itself on every degree of the chromatic scale.

N. B. These two progressions should be studied in the following manner.

1. Taking, alternately, the descending progression with the right hand and the ascending progression with the left.

2. When the alternating hands have been practised in these chord-successions in a way which prevents their feeling the least fatigue, the study of the ascending progression with the right hand, and of the descending progression with the left, should be undertaken.

In this connection the comments already made on page 74, respecting the precautions to be adopted in study-work of this kind, should not be overlooked.

Progresiones Cromáticas en Acordes de Cinco Dedos

Los diferentes ejercicios que han sido indicados como resultantes del acorde de séptima disminuida podrán usarse de igual manera, con todos los acordes de séptima menor y sus inversiones respectivas.

Antes de escribir este nuevo estudio de una manera completa y detallada, mostraremos aquí dos *"progresiones cromáticas,* en acordes de cinco dedos resumiendo, en ellas solas, casi todo el trabajo de extensión por el encadenamiento sucesivo, ascendente y descendente, de las tres séptimas menores y de la séptima disminuida sobre todos los grados de la escala cromática.

N. B. El trabajo de estas dos progresiones deberá hacerse como sigue.

1º Estudiar, alternativamente, la progresión descendente con la mano derecha y la ascendente con la izquierda.

2ª Cuando las dos manos, alternadas entre sí, hayan sido ejercitadas en estos encadenamientos de acordes de manera que no se experimente la menor fatiga, empréndase el estudio de la progresión ascendente con la mano derecha y el de la descendente con la izquierda.

No se deben perder de vista en estos estudios las reflexiones ya hechas (pag. 74) respecto á las precauciones que deben tenerse en cuenta al efectuarse los trabajos de esta serie.

Descending progression
Progresión descendente

*) The sign (60 = ♩-♩-○) means that each chord should be held, first, during four beats of the Metronome, then two, and, lastly, one.

**) It is not necessary to repeat here what has been said on page 74 regarding the modified writing of certain chords in order to facilitate their reading.

***) Attention should be paid to the sustained tones occurring between two enharmonic notes, i.e., changing name without changing key.

*) La señal (60 = ♩-♩-○) significa que cada acorde debe sujetarse primero, durante los primeros cuatro golpes del metrónomo, luego en dos y por último, en uno.

**) No se necesita repetir aquí lo que se ha dicho en la página 74 acerca de la modificación de la escritura de ciertos acordes para facilitar su lectura.

***) Debe ponerse atención á las notas sostenidas que ocurren entre dos notas enarmónicas, cambiando el nombre sin cambiar el tono.

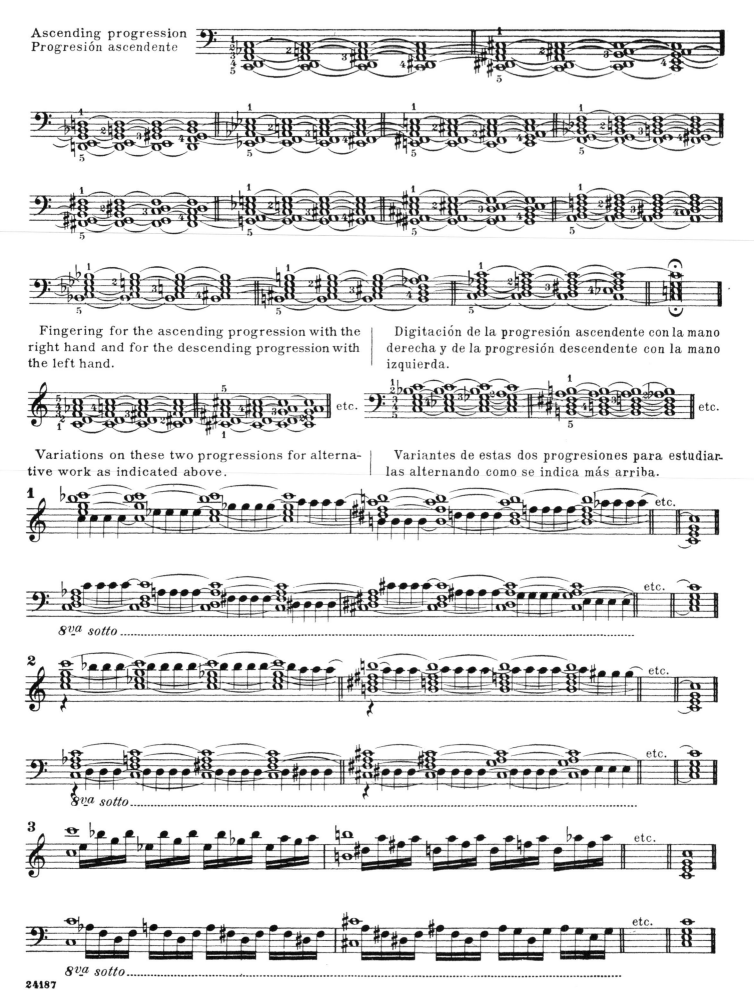

Ascending progression
Progresión ascendente

Fingering for the ascending progression with the right hand and for the descending progression with the left hand.

Digitación de la progresión ascendente con la mano derecha y de la progresión descendente con la mano izquierda.

etc.

Variations on these two progressions for alternative work as indicated above.

Variantes de estas dos progresiones para estudiarlas alternando como se indica más arriba.

1

etc.

8va sotto

2

etc.

8va sotto

3

etc.

8va sotto

4

Hold down all the fingers as if the notes were written in long time-values.

Ténganse todos los dedos como si las notas estuviesen marcadas en valores largos.

5

6

7

Continue in like manner through all chords of the descending progression down to:

Continúese de la misma manera con todos los acordes de la progresión descendente hasta:

Combination, in the same series, of the two preceding progressions.

Reunión, en una misma serie, de la dos progresiones que preceden.

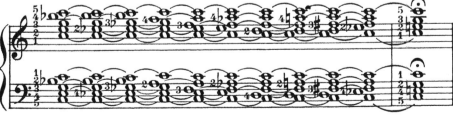

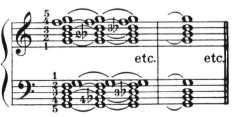

Minor Seventh-Chords and their Inversions
12 Dominant Sevenths

Intervals of a major third, perfect fifth and minor seventh, counting from the fundamental tone.

Acordes de Séptima Menor y sus Inversiones
12 Séptimas Dominantes

Intervalos de tercera mayor, quinta justa y séptima menor á partir de la fundamental.

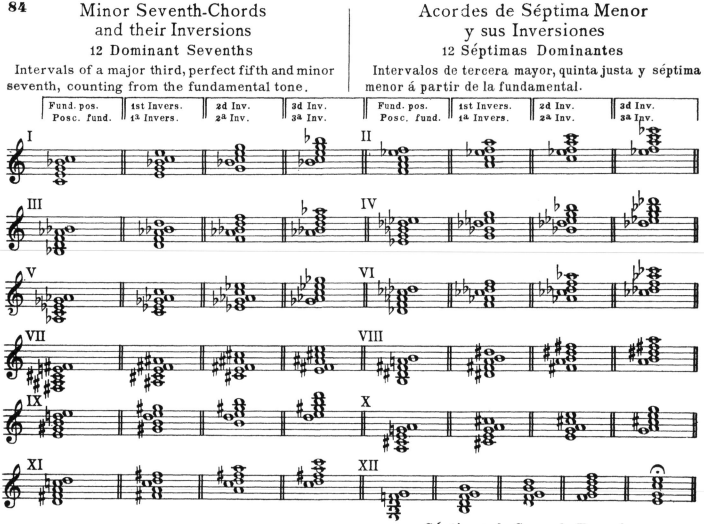

Intervals of a minor third, perfect fifth, and minor seventh, counting from the fundamental tone.

It is unnecessary to point out those secondary sevenths which only differ from the dominant sevenths as regards the third.

Séptimas de Segunda Especie

Intervalos de tercera menor, quinta justa y séptima menor á partir de la fundamental.

No es necesario que indiquemos las otras séptimas de segunda especie que no difieren de las séptimas dominantes más que por la tercera.

Sevenths of Class Three

Intervals of a minor third, diminished fifth, and minor seventh, counting from the fundamental tone.

It is also unnecessary to print the other sevenths of class three, formed by substituting the minor for the major third, and the diminished fifth for the perfect fifth, in the dominant sevenths.

As we have already pointed out on p. 81, all these chords may be used for the same exercises, excepting those for the diminished seventh.

Further directions regarding the arpeggios and the broken chords derived from them are needless, as those relating to the diminished sevenths should be sufficient to guide the work of articulation with a quiet hand on all the five-finger chords.

Séptimas de Tercera Especie

Intervalos de tercera menor, quinta disminuida y séptima menor á partir de la fundamental.

Será igualmente inútil consignar las otras séptimas de tercera especie, las cuales se forman por sustitución de la tercera menor en lugar de la tercera mayor, y la quinta justa en las séptimas dominantes.

Como ya queda dicho (página 81) todos estos acordes podrán servir para los mismos ejercicios, exceptuando los de 7ª disminuida.

No habrá necesidad de nuevas indicaciones de arpegios y acordes rotos que de ellos resulten. Las relativas á las séptimas disminuidas deberan bastar para guiar en el trabajo de articulación con mano quieta sobre todos los acordes de cinco dedos.

Arpeggios derived from Minor
Seventh Chords

Arpegios resultantes de Acordes
de 7ª Menor

A Summary of all the arpeggios derived from the various minor seventh chords and their inversions.

Indicación sumaria de todos los arpegios que pueden resultar de los diversos acordes de 7ª menor y de sus inversiones.

Sevenths of the 2d Class
Séptimas de 2ª Especie

Sevenths of the 3d Class
Séptimas de 3ª Especie

Cadence for the 12th number of each group of sevenths:
Terminación para el no. XII de cada grupo en 7ᵃˢ:

The various arpeggios and broken chords supplied by any one seventh-chord and its inversions, may be interconnected as follows:

Se podrán combinar entre sí los diversos arpegios y acordes troncados rendidos por un mismo acorde de 7ª y sus inversiones como sigue:

Broken Chords
derived from the Minor Seventh
Dominant Sevenths

Acordes Alterados
resultantes de 7ª menor
Séptimas Dominantes

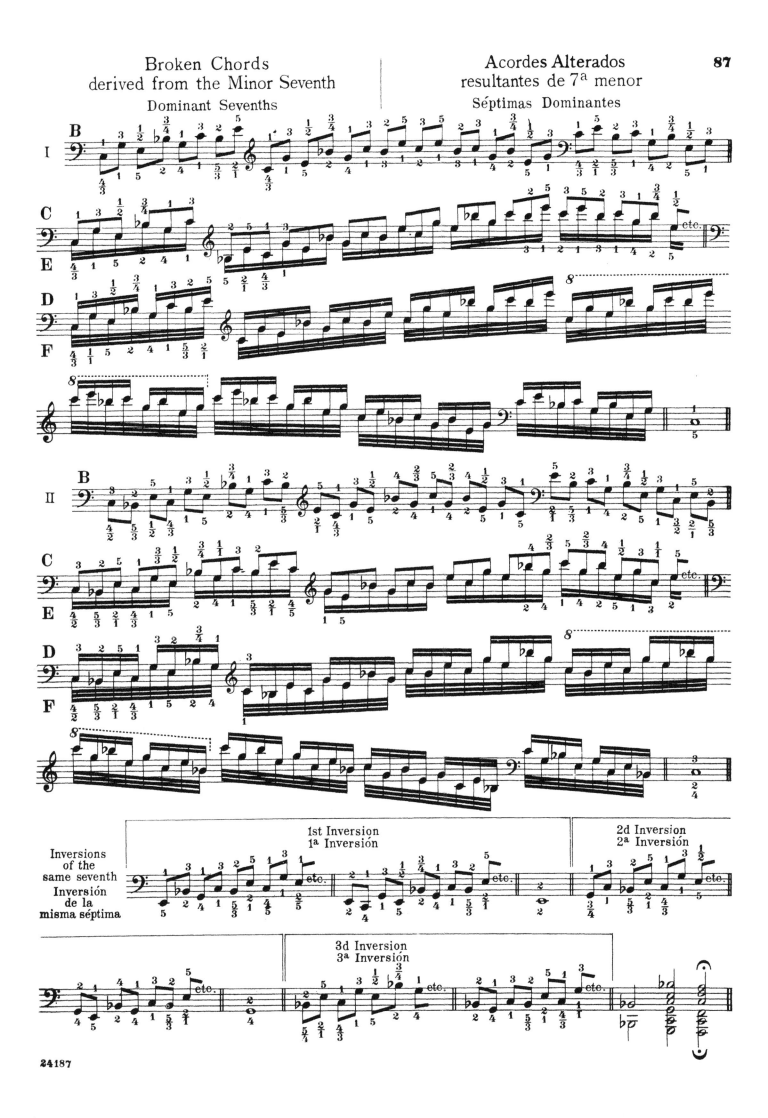

Inversions of the same seventh
Inversión de la misma séptima

1st Inversion
1ª Inversión

2d Inversion
2ª Inversión

3d Inversion
3ª Inversión

Series of Dominant Sevenths

The preceding musical example will serve to illustrate how the inversions should be formed.

Serie de Séptimas Dominantes

Pueden servir de ejemplo, para formar las inversiones, las de la 7ª que anteceden.

Seventhsof Class Two | Séptimas de Segunda Especie

Sevenths of Class Three | Séptimas de Tercera Especie

The Major Seventh-Chord

Intervals of a major third perfect fifth and major seventh

This chord and its three inversions though they are but rarely used harmonically, should, by reason of the stretches they offer, be employed for extension-work. All the exercises with a quiet hand previously indicated may be executed upon these four five-finger positions, with the exception of those in which it would be necessary to strike the two notes which form the major seventh (in their inversion the minor second) simultaneously.

These notes should be played as softly as possible when they are used together as a support to the hand. They sound agreeable only when heard in succession, a minor second apart, the lower always moving up to the higher. In this way the harsh dissonance of the minor second is avoided, and its place taken by the melodic movement, incomparably more pleasing, of a leading-note striving toward the tonic. Examples:

Acorde de Séptima Mayor

Intervalos de Tercera mayor, Quinta justa y Séptima mayor

Este acorde y sus tres inversiones sí bien se usan con mucha rareza armónicamente, deberán servir, en virtud de las separaciones que presentan, para el trabajo de extensión, y se podrán ejecutar sobre estas cuatro posiciones de cinco dedos, todos los ejercicios con mano quieta indicados anteriormente, excepto aquellos en los cuales habrá que tocarse simultaneamente, las dos notas que forman entre sí el intervalo de 7ª mayor y su inversión la 2ª menor.

Estas notas deberán ser tan mudas como resulte posible cuando se las tome juntas como puntos de apoyo de la mano, y no producirán buen efecto sino cuando el oido las perciba sucesivamente á la distancia de segunda menor, llevando la más baja de ellas el sonido de la más alta. De esta manera no ofrecerán la disonancia tan dura de segunda menor, sino el movimiento melódico y siempre extraordinariamente más dulce, de una sensible ascendiendo á su tónica. Ejemplos:

Seeing that in the preceding 58 measures no expression whatever has been given to the harmonic functions of the major seventh-chords, they may all be used with a minor as well as with a major triad, thus: and the last four, either major or minor, may be used to develop some final arpeggio-work, similar, in all respects, to that already practised for all other arpeggios.

(These measures are not intended to suggest any broken-chord work.)

Como que en los 58 compases que anteceden no se ha dado expresión alguna á las funciones armónicas del acorde de séptima mayor, cada uno de ellos podra ser ejecutado tanto con el acorde perfecto menor que con el mayor, de esta manera: y los cuatro últimos ya sean mayores o menores, darán origen á un trabajo final de arpegios semejante en todos sus aspectos, al que se ha hecho hasta aquí para todos los demás arpegios.

(Estos dos compases no pueden dar lugar á ningún trabajo de acordes troncados.)

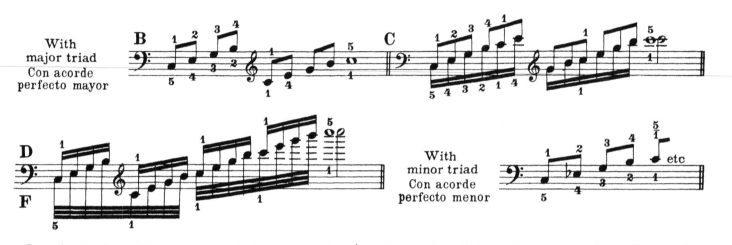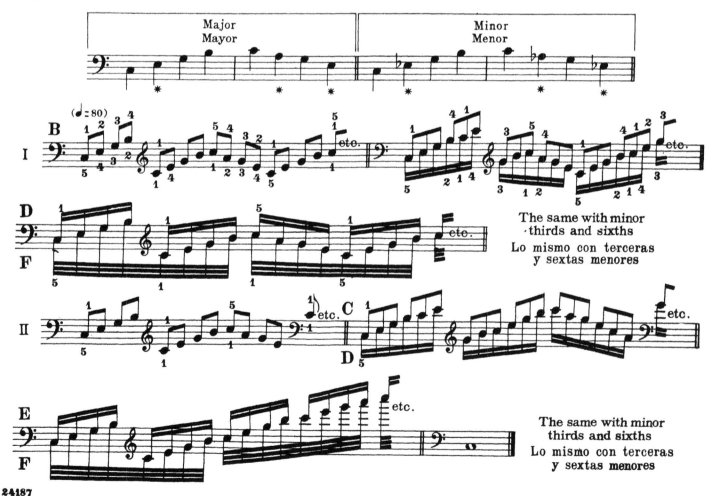

Table of all the arpeggios
formed by a major Seventh
and a major or minor triad

Cuadro de todos los arpegios resultantes
de la 7ª mayor con acorde
perfecto mayor y acorde perfecto menor

Combination-work of Section Seven | Trabajo de conjunto de la Séptima Serie

2 Players
A dos

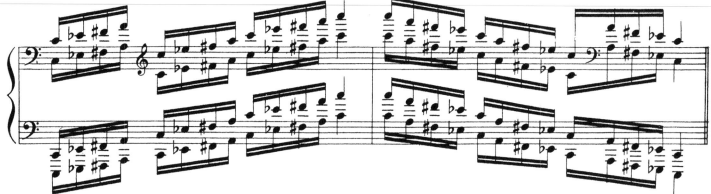

3 Players
A tres

The various five-finger chords easily adapt themselves to combination-work of a similar kind.

Los diferentes acordes de 5 dedos se prestan fácilmente á un trabajo análogo de conjunto.

Section Eight

A Variety of Rhythmic Exercises
Intended to Complete the Preceding Series

Octava Serie

Variedades de ejercicios rítmicos
que completan las series precedentes

I

**Example of change of rhythm
within the same measure**

**Ejemplos de cambio de ritmo
dentro del mismo compás**

II

Examples of Broken Rhythms	Ejemplos de ritmos disueltos
Series of Measures in Four-Four Time	Serie de ejercicios en compás de compasillo

Series of Measures in Six-Eight Time   Serie de compases de seis por ocho

III

Examples of Change in Time | Ejemplos de cambios de compás

IV

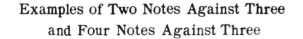

Examples of Two Notes Against Three
and Four Notes Against Three

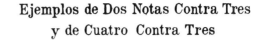

Ejemplos de Dos Notas Contra Tres
y de Cuatro Contra Tres

V

Examples of Changes in Rhythm,
and of Broken Rhythms
in Scales and Arpeggios

Ejemplos de cambios de ritmo
y de ritmos disueltos
en escalas y arpegios

Scales and Arpeggios in Contrary Motion | Escalas y arpegios en movimiento contrario

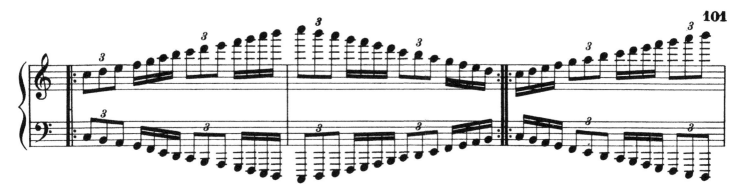

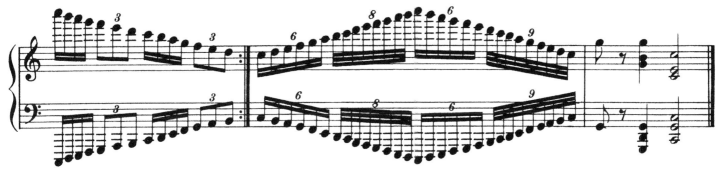

VI

Special Studies of Rhythms of Accent and Shading

Rhythmic Effects Resulting from the Various Ways of Accenting and Shading the Same Successions of Notes

Repeated Notes

Estudios especiales del acento y de los matices

Efectos que resultan de las diversas maneras de acentuar y de matizar las mismas series de notas

Notas repetidas

Trills and Other Exercises in Legato Notes | Trinos y otros ejercicios en notas ligadas

Legato and Staccato | Ligados y Picados

In accordance with the examples given, the exercises of Sections 2 and 6 and analogous ones may be accented in various ways, taking them up and down the keyboard.

Según los ejemplos que indicamos se pueden acentuar de diferentes maneras, al recorrer el **teclado,** los ejercicios en la 2ª y en la 6ª Serie, y todos **los** análogos.

Also study these exercises with the following accentuation:

Estúdiese también acentuando como sigue:

VII

Detached Exercises | Ejercicios libres

Combination-work for Section Eight

The nature of the exercises contained in this last section will easily determine which are adapted for simultaneous practice, by several persons, at the same piano. The positions to be taken by the players are indicated at the end of each section, in the part set aside for ensemble-work.

Trabajo de conjunto de la serie octava

Con arreglo á la índole de los ejercicios contenidos en esta última serie, será fácil reconocer aquellos que se prestan á ser tocados por varias personas á la vez en el mismo piano, y las posiciones que se deberán adoptar entre ellas van indicadas al fin de cada serie, en la parte dedicada á los trabajos de conjunto.